En busca de paz

Cruzando una frontera

Josep Mª Jordán Galduf

En busca de paz
Cruzando una frontera

Paulinas

Imagen de cubierta: Tj Holowaychuk.
Diseño de cubierta y maquetación: Alba Cosío Velasco.

© PAULINAS 2025
    Carril del Conde, 62 - 28043 Madrid
    Tel.: 91 721 89 84 - Fax: 91 759 02 04
    E-mail: editorial@paulinas.es
    www.paulinas.es

© Josep María Jordán Galduf

ISBN: 978-84-19408-62-4
Depósito Legal: M-24009-2025

Impreso por Gar.Vi. 28970 Humanes (Madrid).
Printed in Spain. Impreso en España.

Prólogo

«Llegada la noche, me vuelvo a casa y entro en mi escritorio; en el umbral me quito la ropa de cada día, llena de barro y de lodo, y me pongo paños reales y curiales. Vestido decentemente, entro en las antiguas cortes de los hombres antiguos, donde –recibido por ellos amistosamente– me nutro con aquel alimento que *solum* es mío y para el cual nací» (N. Maquiavelo, *Cartas en Nuccio Ordine, Clásicos para la vida, Una pequeña biblioteca ideal*, p. 66).

Me ha parecido oportuno iniciar el prólogo de este libro de Josep María Jordán con esta cita de Maquiavelo que señala cómo un hombre de acción, como era él, aún tiene tiempo para cultivar otras dimensiones de la vida más interiores y también más universales. Al mismo tiempo, es una invitación a ampliar nuestros horizontes, a descubrir nuevas realidades a través de la lectura, pues este es el testimonio de la memoria de lo que se ha vivido. Un modo de alimentar la inquietud espiritual que debe caracterizar a todo hombre, aunque leer, que es una tarea fundamental para mantener la relación con los antiguos y con otros, no es lo mismo que escribir. Pues esta acción implica una aportación personal, sobre todo cuando se escribe para hacer presente experiencias vividas con la pretensión de que alguien las pueda leer y así participar de este banquete de las letras, expresión de lo que se vive de la vida.

El libro que presentamos es ante todo una especie de dietario espiritual de alguien que ha aprendido a no decir nunca «yo» sin decir «nosotros», pues no es una simple elucubración sobre su intimidad, sino que continuamente se proyecta en otras personas y en otras situaciones.

Es también un texto que es fruto de una conversación con personas y que busca siempre responder a una inquietud interior de mayor plenitud. En un momento dado, Josep María Jordán, su autor, llega a preguntarse si vale la pena hacer este ejercicio. Él, que está en la travesía de los setenta años, una época de balance y también de descubrimiento de carencias.

Ante esto, él mismo nos ofrece su propia reflexión al respecto: «No sé si seguir escribiendo estas notas o dejarlas de escribir. Quería que fueran notas que revelasen la búsqueda de paz interior, pero son muchos los momentos en que domina en mí el desánimo, algo que sucede probablemente a una gran parte de personas… Continuaré así estas notas, por ahora, mientras atravieso la frontera de este año 2025 y trato de buscar la paz y no perder la alegría y la esperanza». Una buena revelación de una actitud que caracteriza a este hombre que ha combinado el estudio, la docencia y el compromiso social por su pueblo y, en todo ello, siempre como un hilo de oro que va tejiendo su vida: la inquietud espiritual, la búsqueda de una plenitud que dé sentido y fuerza a su vida. Una actitud que se sitúa dentro de la dinámica propia que marcó la vida del Santo Obispo de Hipona, san Agustín, cuya vida fue una búsqueda continua de la belleza de la fe hasta que su corazón descansó en Dios. En este sentido, el libro de José María se presenta como una manera de leer la vida en sus múltiples dimensiones, tanto a través de encuentros personales, de acontecimientos, de textos de distintos autores, hasta conformar así una rica visión de alguien que quiere vivir a fondo sin dejarse llevar por el desánimo y la superficialidad.

Este conjunto de notas se parece a una gran vidriera de una catedral compuesta de cristales de muchos colores y todos unidos por una trama de plomo que la sostiene y a través de la cual la luz solar permite ver la riqueza luminosa que allí se manifiesta. Los cristales son las distintas experiencias o lecturas o consideraciones que Josep María Jordán percibe y quiere compartir. La trama de plomo es su vida misma, inquieta, con múltiples encuentros, con contactos personales, todo menos estar encerrados en su propia burbuja espiritual. El sol que lo ilumina es la inquietud personal que le mueve y que a veces puede tener el sabor de la insatisfacción, de la no plenitud, pero también la del que quiere comprender más, vivir más y amar más. En todo esto llama mucho la atención la forma de titular cada una de las notas del libro, una manera de señalar hacia dónde se va, qué se quiere decir, qué interesa. Es algo semejante al preludio con el que se inicia una sinfonía en la que el tema principal que la configura se anuncia. Es también una manera de señalar que su ejercicio de escritura no solo recoge hechos de la vida propia o de otros, sino que también los interpreta.

«En la noche más oscura surgen los más grandes profetas y santos. Sin embargo, la corriente vivificante de la vida mística permanece invisible. Seguramente, los acontecimientos decisivos de la historia del mundo fueron esencialmente influenciados por almas sobre las cuales nada dicen los libros de historia. Y cuáles son las almas a las cuales hemos de agradecer los acontecimientos decisivos de nuestra vida personal, es algo que solo sabremos el día en que todo lo oculto sea revelado» (Teresa Benedicta de la Cruz, *Obras completas 5*, Burgos 2007, p. 637). Este texto de esta gran santa, que procede del mundo de la filosofía y quedó cautivada por la experiencia de fe de santa Teresa, a través especialmente de su biografía, y que la llevó a descubrir el núcleo mismo del Evangelio, que es Jesucristo y el amor que él nos ofrece, generador de fraternidad y de paz, ilumina una dimensión muy constante de estas notas en la que el autor muestra algo que parece que no es espectacular, heroico, pero es lo que va tejiendo la vida misma.

Ello tiene especialmente un alcance importante en la experiencia espiritual de Josep María Jordán que, llevado por su inquietud y ciertamente tocado por la gracia de Dios, entra en el corazón de la realidad que le envuelve, o de la lectura que otros le ofrecen, como el novelista Paul Auster, y le permite tomar nota del misterio del ser humano, de su deseo de plenitud aun en medio de lo más cotidiano y sencillo. En un tiempo como el nuestro, marcado tantas veces por la superficialidad, por el inmediatismo y por la velocidad que impiden saborear lo que nos sucede y, por, tanto enriquecer nuestra propia biografía, que se va construyendo en diálogo con la realidad que nos envuelve, estas notas nos introducen siempre de una forma suave en una actitud religiosa, trascendente, que nos sitúa delante del Misterio que da sentido a la vida.

Quien ha escrito estas notas ha sido profesor universitario, al tiempo que un hombre siempre comprometido con el logro de una sociedad más justa y solidaria. También se percibe el eco de quien ha seguido un camino espiritual que le ha llevado a redescubrir de nuevo el Evangelio de Jesucristo y no solo eso, sino que quiere dejarse iluminar por él.

Así, en sus notas se percibe esta relación íntima que existe entre la razón, como expresión de nuestra búsqueda de verdad y sentido, y la fe, como encuentro con un Dios que existe y nos ama y nos ofrece en Jesucristo el camino que nos lleva a desarrollar en mayor plenitud nuestra propia humanidad viviendo en su compañía. En realidad, como nos recuerda el Concilio Vaticano II, «sólo Dios, que creó al hombre a su imagen y lo redimió del pecado, puede dar una total respuesta a los grandes problemas del hombre; y por eso, la revelación en su hijo que se hizo hombre. El que sigue a Cristo, hombre nuevo, se hace a sí mismo más hombre» (*Gaudium et Spes* n.41).

A través de estas notas, y conversando especialmente con Josep María, se percibe el peso de la razón en la vida de un creyente, pues le permite ser fiel a la propia condición humana y así también tener un punto de encuentro con tantos que, sin compartir la propia fe cristiana, sin embargo, están en la búsqueda de aquello que dignifica el ser humano, del sueño de la fraternidad universal. En esta dinámica, la fe siempre abre nuevos caminos, amplía los horizontes y lleva a la razón a no convertirse en un absoluto, sino a situarse en sus propias posibilidades y límites; más aún, a preguntarse por tantas posibilidades que en principio no quedan a su alcance. Ya el Papa Benedicto XVI entró siempre en esta cuestión fundamental de la relación entre la fe y la razón:

> «La fe permite a la razón desempeñar del mejor modo su cometido y ver más claramente lo que le es propio… desea simplemente contribuir a la purificación de la razón y aportar su propia ayuda para que lo que es justo, aquí y ahora, pueda ser reconocido y después puesto también en práctica»
>
> (*Deus Caritas est*, Benedicto XVI n. 28)

Cuando hablamos de razón, nos recuerda también Josep María Jordán todo aquello que ayuda al bienestar humano, más aún, lo que permite que vivamos la fraternidad como una estrella que ilumina nuestras noches de guerra, violencia e injusticia. En estas notas se hace referencia muchas veces a esta actitud y a este compromiso que lleva a no centrar la vida solamente en uno mismo para curar la herida fundamental del no sentirse amado e ir más lejos y responder también a la gran cuestión de qué se puede hacer por los demás.

Se trata de aprender a buscar la paz cruzando la frontera de tantas realidades que oscurecen aquellas inquietudes más profundas que siempre están presentes en el ser humano, si es que se atreve a vivir no en la superficie y bajo los impulsos emocionales, sino en la relación con los demás. Es la relación lo que prevalece en este ejercicio de escritura de Josep María, pues es la característica más propia del ser humano, que le acerca a Dios y a los demás. A través de esta relación es posible encontrar caminos para mejorar nuestro mundo. Siguiendo la inspiración evangélica, el programa de un cristiano es el del Buen Samaritano, aquella persona que tiene un corazón que ve la necesidad del otro y actúa.

Un texto escrito siempre necesita de un lector que lo recree, que lo haga propio, este es un deseo fundamental para el que escribe. Es como un padre que tiene un hijo, pero que ahora queda huérfano si no tiene un lector que lo haga propio. Esto es lo que deseo para este dietario espiritual, para este compañero de camino, Josep María, con el que aprendo, junto con otros, también a vivir los acontecimientos desde otras perspectivas y en el que se alimentan las grandes cuestiones que configuran toda aventura humana. Es una buena medicina para superar el individualismo y la búsqueda inmediata de satisfacción y descubrir que en todo vivir, y más si se vive desde la fe cristiana, la esperanza es el ancla que nos lanza en el horizonte, y la paciencia tejida de amistad, trabajo y oración, el camino a recorrer.

Javier Salinas (obispo auxiliar de Valencia)

Primera parte:
ante la frontera

Inicio

Buscando la paz, el otro día la encontré en la mirada y la sonrisa de Gloria Sánchez durante el entierro de su padre. Ella y sus hermanas irradiaban paz y serenidad, sostenidas por una sólida fe cristiana. También yo, como tantas otras personas, deseo alcanzar esa paz. Se acerca el fin de año y hoy he querido saludar a mi amigo J. V. Pérez Cerverón con esta cita de Rainer María Rilke: «Sé paciente con todo aquello que esté sin resolver en tu corazón». En realidad, es algo que necesito decirme a mí mismo.

Días atrás falleció el expresidente de los Estados Unidos Jimmy Carter. Este recibió en 2002 el Nobel de la Paz por su labor de mediación en los conflictos internacionales, el impulso de la democracia y el avance de los derechos humanos. Cuánta falta hace una labor como esa en un mundo como el de hoy, tan revuelto y extraviado.

Estoicismo y cristianismo

Rosa Fernández ha enviado a su grupo de amigos una foto en la que aparece ella bailando con su marido Eduardo Poveda, que falleció hace algún tiempo. El mensaje adjunto era este: «Y seguimos bailando al ritmo que nos marca la vida». No era un mensaje triste, sino lleno de paz y esperanza. Admiré su actitud estoica y cristiana a la vez.

Son curiosas las confluencias entre el estoicismo y el pensamiento cristiano. El *Manual de vida* de Epicteto aconseja centrarse en lo que de nosotros dependa ante las turbaciones que nos rodeen, buscando siempre dentro de nosotros mismos las capacidades que poseemos para afrontar lo que llegue a sucedernos. Es la vía estoica para lograr la paz y encontrar un punto de equilibrio sereno, sobreponiéndonos a los vaivenes de la vida, viéndonos así libres del miedo y la ansiedad incluso en un contexto turbulento y cambiante como es el actual.

Tal como lo veo, aunque el estoicismo y el cristianismo tengan principios fundamentales diferentes, ambos ofrecen enseñanzas similares para la vida diaria. Las dos doctrinas promueven la importancia de la virtud, la autodisciplina y la búsqueda de un propósito superior, sea a través de la razón y el control interior (como es el caso del estoicismo) o mediante la fe y la gracia divina (como es el caso del cristianismo). Pero se pueden integrar ambas tradiciones para encontrar mejor la paz y enfrentarse a las adversidades, viviendo de forma más plena y significativa.

Frontera

Pasar de un año a otro es como cruzar una frontera en nuestro viaje de maduración personal. ¿Qué propósito deseo formular ahora, cuando busco esencialmente la paz? Estar abierto a aquello que me pueda suceder, vivir con mayor atención el día a día. Programar lo justo para responder a los compromisos cívicos y las obligaciones familiares, dejando siempre un espacio para lo que resultará inevitablemente imprevisto.

El primer día de cada año lo dedica la Iglesia a celebrar una Jornada Mundial por la Paz. Fue instituida por el Papa San Pablo VI, con el fin de que todos los cristianos se unan en una oración por la finalización de todas las guerras y los conflictos violentos existentes en la tierra. El Papa Francisco proclamó 2025 como un año de Jubileo de la esperanza con el deseo de que todos nos hagamos, de un modo u otro, constructores de paz. A su juicio, la primera causa de las guerras y los conflictos reside en la dureza de nuestros corazones, que muy a menudo son incapaces de perdonar. Por ello apeló a un mayor sentimiento de hermandad de unos con otros, para tener más comprensión recíproca, promover el respeto de la dignidad humana y reducir la fabricación de armamentos.

La novela *Victoria*, de Paloma Sánchez-Garnica, arranca con esta aleccionadora cita de Herbert Hoover (que fue presidente de los Estados Unidos entre 1929 y 1933): «Podemos tener paz o podemos tener venganza, pero no podemos tener ambas». Se trata de un relato extraordinario situado en los inciertos años de la Guerra Fría, donde los personajes padecen graves sentimientos de pérdida y dolor y han de adoptar a menudo decisiones difíciles apelando a sus convicciones morales y a la fuerza del amor. En algún momento, uno de esos personajes manifiesta que es un misterio lo que ocurre en la conciencia de cada persona, y otro personaje advierte del error que se puede cometer al fiarse de las meras apariencias.

Instrumentos de paz

En el inicio del nuevo año, la Iglesia celebra el nombre de Jesús. ¿Y quién fue Jesús? Alguien que se hizo presente en la historia ungido por el Espíritu de Dios y quiso inundarnos a todos con ese mismo espíritu para poder vivir reconciliados y encontrar una paz interna y externa. Sobre Jesús se han escrito muchos libros, pero uno que me impactó especialmente fue el publicado por Fray Marcos en 2022 con el título de *Eres ungido como Jesús* (editorial Fe Adulta). Con un lenguaje sencillo y claro, el autor nos presenta un Jesús verdaderamente humano que descubrió la presencia de Dios-Padre dentro de él y quiso transmitir sus enseñanzas a todos los hombres para vivir sus mismas experiencias y encontrar la plenitud.

Inspirado por Jesús, san Francisco de Asís nos legó una de las más bonitas plegarias que conozco: «Señor, haz de mí un instrumento de tu paz».

La pasada noche tuve un mal sueño que me despertó. Se confundían en el sueño recuerdos de personas que me habían hecho daño en algún momento no muy lejano. Opté por serenarme y rezar: «Padre nuestro… venga a nosotros tu reino… perdona nuestras ofensas como también nosotros perdonamos a los que nos ofenden». Debía distanciarme de aquellas situaciones, superarlas de algún modo para sanar mis heridas y vivir en paz. Dejar atrás aquellas y otras presumibles ofensas y mirar hacia adelante abrazando todo lo positivo y bello que la vida nos depara.

Luz

Pienso en la luz cuando me encuentro decaído. Sin motivo aparente, hoy me he levantado bajo de ánimos. Y pienso en la luz. Pero no en una luz deslumbrante, sino en la tenue luz de una estrella capaz de orientar en alguna dirección. La fiesta de los Reyes Magos es la Epifanía del Señor. Una estrella guía a los Magos de Oriente hasta el portal de Belén. Allí la sencillez de un niño con sus padres les descubre a aquellos sabios la presencia divina en la humildad de lo más humano. Dios se halla presente en la fragilidad de nuestras vidas. Los seres humanos de buena voluntad van a encontrar siempre ahí los signos de su presencia. Todos somos buscadores como los Magos de Oriente. Y hay una luz en nuestro interior capaz de orientar nuestros pasos.

A mi amigo José Antonio Pérez Gago solo lo conozco desde hace unos ocho años, pero a lo largo de este tiempo me he dado cuenta de que es un hombre lleno de paz y de luz. Por su apariencia, nadie diría que ha sido un militar de alta graduación, ahora ya de baja por razones de salud. Es un gran amante del cine, y el otro día me habló de un film clásico que acababa de ver por televisión: *Sinuhé el egipcio*. Basada en una novela de Mika Waltari, publicada en 1945, la película fue estrenada en 1954 de la mano del director Michael Curtiz. Me dio todos los detalles sobre la misma, incluyendo un resumen de su argumento principal. Es el relato de un médico que extravió su vida en el antiguo Egipto, en la época del faraón Akenatón (siglo XIV a.C.). Las palabras de José Antonio Pérez rezumaban entusiasmo, sin revelar su fragilidad física: se le había trasplantado un riñón y tenía algunos problemas intestinales. Sin embargo, comunicaba verdadera alegría. Tal como dijo Lao Tsé: «Si hay música en tu alma, se escuchará en todo el universo».

Amanecer

Amanece el año y amanece el día. Voy temprano hacia el centro de salud para que me realicen un análisis de sangre. La vida se activa muy pronto en mi pueblo. Un montón de chicos y chicas jóvenes van camino del instituto con cierta prisa, aún algo somnolientos. Al verlos pasar, recuerdo mis años de estudiante en la enseñanza primaria y secundaria. Siento una cierta añoranza. Si pudiera volver a vivir aquellos años, lo haría todo sin tanta preocupación y exigencia. Saborearía más cada aspecto de la vida. Me recrearía en mayor medida en el amor recibido de mis padres, de mis abuelos y los otros seres queridos. Proyectaría también mucho más mi estima hacia los demás. Pero ahora en mi atardecer ya no puedo cambiar lo vivido. Solo deseo mejorar mi forma de vivir y encontrar la paz.

Rubén es uno de los usuarios de la asociación Pentagrama de salud mental. Cada mañana acude a la misma, junto a otros compañeros, para llevar a cabo las actividades que tienen programadas para ellos. A veces estas actividades las comparten con los usuarios de otras asociaciones similares que hay en el municipio. No conozco el apellido de Rubén. Sé que fue soldado y que arrastra ciertos problemas de carácter depresivo. Sin embargo, tiene una gran inteligencia y sabiduría. Sé también que me aprecia, como yo lo aprecio a él. Esta mañana, antes de empezar las tareas en un taller en el que colaboro, me ha querido regalar un escrito suyo. ¿Qué es la felicidad?, se pregunta. Y esta es su respuesta: «Son instantes en los que te enorgullecen los logros conseguidos, recuerdos de gente que te quiere en los cuales esbozas una sonrisa que irradia luz, liberarte del lastre que te pesa en el corazón, abrazos sinceros que arropan tu alma, paseos en los que observas las pequeñas cosas que te regaló la vida, ser agradecidos con aquello que te da plenitud en tu ser... Caerse es inevitable, levantarse, imprescindible».

Un novelista y un filósofo

Su última novela, *Baumgartner*, la escribió Paul Auster sabiendo que padecía un cáncer que le llevaría en poco tiempo a la muerte, como así sucedió. El personaje del relato es un profesor de Filosofía a punto de jubilarse, sumido en el dolor por la pérdida de su mujer unos años atrás. Una novela dulce y emotiva que se recrea en el significado del amor y el consuelo de la memoria. A poco de comenzar su lectura, llamó mi atención que, en la ficción, el protagonista iba a terminar su vida activa escribiendo una monografía sobre Kierkegaard. Me preguntaba por qué podía interesar especialmente ese filósofo danés al escritor norteamericano Paul Auster para haberlo utilizado así en su relato.

Pienso que ello no se debía al mero azar, sino que tenía que ver con el contenido de su pensamiento. La obra de Kierkegaard ofrece una reflexión sobre el sentido de la vida, la fe y la libertad, explorando la psicología humana, el sufrimiento y la relación entre el individuo y Dios. El salto de la fe es, a su juicio, algo que va más allá de una decisión racional: es un acto existencial radical en medio de la incertidumbre, las dudas y la angustia, una mirada profunda sobre la existencia humana. Probablemente, el pensamiento de Kierkegaard le aportara una cierta paz interior a Paul Auster al final de sus días.

Estoy acabando de leer la novela *Victoria*, de Paloma Sánchez-Garnica, y realmente no quiero que termine su lectura. La trama resulta apasionante y muy bien construida, pero más aún resulta de interés el período en que se sitúa: desde finales de la Segunda Guerra Mundial hasta principios de los años sesenta. Un período de grandes tensiones en el que hubo que reconstruir tantas cosas sobre la base de grandes principios morales. Me he formado en buena medida en el pensamiento forjado en ese período y sigo encontrando ahí una visión de las cosas que alumbra mi camino y me ayuda a vivir en paz.

Un pueblo

¿Qué es un pueblo? Una comunidad humana local y su trayectoria a lo largo del tiempo. Un libro de fotografías de hace sesenta o setenta años me ha puesto ante lo que ha significado la historia de mi pueblo en las últimas décadas. Los grandes cambios que se han producido en él, reflejados en los rostros de las personas, en los vestidos y los atuendos, en el paisaje urbano y rural, en las actividades económicas, culturales, deportivas y religiosas. No sé por qué, pero todo ello me ha hecho sentir una cierta pena que no llego a interpretar.

El otro día, el historiador Juanjo Adriá mostró también algunas de esas fotografías en una charla que impartió sobre la vivencia del franquismo en nuestro pueblo, aludiendo a los factores que hicieron posible el conformismo (la acomodación) que el régimen se aseguró durante un largo período de tiempo. Habló de su sistema represivo, que fue especialmente duro durante los años cuarenta y cincuenta (aunque se fue aflojando después), estableciendo una diferenciación entre tres grupos de personas: los adictos al régimen, los indiferentes y los desafectos. Por otro lado, se entretuvo en narrar los esfuerzos por reconstruir una vida cotidiana normalizada que restaurara la convivencia y desanimara las expresiones de conflicto. Ahí es donde encajaban mejor aquellas fotografías sobre la vida local que dejaban en mí un cierto sabor agridulce.

Paseo buscando el sol en este frío mes de enero y, de pronto, mi mente me lleva sesenta o cincuenta años hacia atrás. En enero de 1965, yo estaba estudiando quinto curso de bachillerato al tiempo que trabajaba por las mañanas en las oficinas de una importante fábrica de sacos que había entonces en mi municipio. Era duro para un chico de mi edad llevar a cabo a la vez ambas cosas, pero recuerdo 1965 como un bonito año en que descubrí mi primer amor (aunque este acabara luego en una cierta desilusión) y se mantuvo aún bastante unida la pandilla de amigos de la adolescencia (poco antes de que comenzara su disgregación lógica). También el pensamiento me lleva a enero de 1975, cuando estaba trabajando intensamente en mi tesis doctoral, ocupando la casa de mi abuelo materno que había fallecido recientemente y se hallaba vacía. Ahí iba y volvía cuando terminaba mi horario de trabajo como profesor ayudante en la Facultad de Economía de la Universidad de Valencia. Y todo fue bastante bien, de forma que pude presentar mi tesis ante el tribunal en julio de aquel año en que se produjo también, unos meses después, la muerte del general Franco.

Coraje

A veces nos hallamos atrapados en un auténtico agujero en que nos ha metido nuestro orgullo y nuestra vanidad (o cualquier otro aspecto de nuestro agudo egocentrismo), y no es fácil escapar. Lo necesitamos, porque nos sentimos desdichados en tal situación, pero no disponemos de ánimo ni energía suficientes para salir de ahí. ¿Cómo actuar entonces? Quizás mostrando paciencia y empeño para no desesperar. Si tenemos coraje para hacerlo, puede que de pronto notemos que se disipa la oscuridad y la luz retorna poco a poco de nuevo.

Coraje como el que demostraron dos personas cercanas (más jóvenes que yo) que lucharon durante unos cuantos años contra el cáncer que padecían, y ahora acaban de fallecer. Uno era un compañero de Facultad, Miguel Torrejón Velardiez, a quien admiraba por su bondadoso carácter y seriedad profesional. En el acto de su despedida, en un tanatorio de Valencia próximo a la playa del Cabañal, pude conocer además otros detalles de su vida: la procedencia de una familia humilde de un pueblo de Extremadura y la realización de sus estudios con el apoyo de distintas becas; jamás olvidó él sus orígenes y ello fue un acicate para tener siempre una actitud solidaria con los más necesitados.

El otro era un vecino de mi pueblo, José Vicente Taroncher Carbonell, de carácter muy jovial, hornero de profesión y amante de la música y el deporte. En el momento de su despedida, un amigo común nos envió un vídeo en el que él aparecía formando parte de un grupo instrumental y tocando como guitarra solista *Apache* (de los Shadows) en una fiesta familiar. Cuánta alegría irradiaba entonces. Así es como lo quiero recordar.

Desasosiego

Cuando aparentemente todo va bien, qué fácil resulta perder de pronto el equilibrio y entrar en un proceso de desasosiego por algún factor de orden interno o externo. Es como si fueras conduciendo tan tranquilo por una autopista y, al tener que salir, tomaras sin pensarlo una vía equivocada; pretendes entonces corregir el rumbo, pero el nerviosismo te lleva a elegir de nuevo otro camino erróneo, y te vas alejando así gradualmente del punto de partida. ¿Cómo recuperar la calma para adoptar con buen criterio las decisiones que te puedan conducir en la dirección adecuada?

Frente al desasosiego, acabo de empezar una lectura que me aporta una valiosa orientación y luz. Se trata del libro *Renacer cada día. Un camino de sanación interior*, de Gaetano Piccolo. El texto (que nos hemos propuesto comentar Javier Salinas, Jorge Cardona y yo) señala que cada uno de nosotros arrastra una historia herida y andamos por un camino que sentimos frecuentemente bloqueado y sin sentido. Las primeras páginas en las que ahora me encuentro aluden precisamente a las cosas que bloquean el camino, pero acto seguido se refiere a las que ayudan a caminar. Su perspectiva es positiva y esperanzadora: «La vida puede reanudarse, siempre podemos nacer de nuevo».

Las grietas forman parte de nuestra existencia. Eso dice también Gaetano Piccolo, y me parece muy cierto. ¿Cómo repararlas? ¿Cómo sanarlas? Él propone ir a nuestra interioridad, porque allí es donde reside la verdad: el lugar de la comunión con Dios, el lugar del corazón, el centro de la persona. Sin duda, el corazón es lo más profundo del ser humano, donde confluyen pensamientos y sentimientos, donde se originan nuestros deseos más íntimos. Por eso conviene implicar al corazón en un diálogo con Dios, como vía de reparación de nuestras grietas y sanación de nuestras heridas.

Trenza

En un taller de lectura fácil, de una asociación de salud mental con la que colaboro, hemos comenzado a leer la novela *La trenza*, de la escritora francesa Laetitia Colombani. El relato les está encantando a los componentes del taller. Aborda las historias de tres mujeres nacidas en tres realidades culturales tan distintas como la India, Italia y Canadá.

Todos nos hemos sobrecogido ante la historia del primer personaje, la intocable Smita, que sobrevive recogiendo los excrementos de una casta superior en el municipio de Badlapur. Ella ha asumido su condición social (heredada de familia), pero no está dispuesta a que también lo haga su hija; por eso la envía a la escuela y se halla decidida a superar todos los obstáculos para que tenga una vida digna.

El segundo personaje en cuestión es Giulia, una muchacha siciliana que trabaja muy gustosa, junto a su padre, en un taller familiar de Palermo dedicado a la confección de pelucas con pelo auténtico. Todo parece ir bien hasta que el padre sufre un accidente y Giulia descubre que el negocio familiar se encuentra al borde de la quiebra. Cómo reaccionará esta ante dicha adversidad es algo que iremos conociendo paso a paso al compás de nuestra lectura semanal.

En ese proceso llevamos un poco más de retraso en la historia de nuestro tercer personaje, Sarah, una abogada de Montreal que ha hecho grandes sacrificios familiares por lograr el éxito profesional hasta que, de pronto, se le revela el padecimiento de un cáncer. Sarah habrá de dar así un importante giro en su vida. Mostrará en ello una valentía similar a la de las otras dos mujeres en su lucha contra las adversidades y en pro de su realización personal. Una lucha que, aunque los componentes del taller de lectura fácil aún no lo saben, acabará uniendo como en una trenza los destinos de las tres valerosas protagonistas de esta interesante novela.

Unidad

Anoche nos reunimos en la parroquia un grupo de gente para orar por la unidad de los cristianos. Toni Llibrer había preparado un texto precioso que nos sirvió como base y todo fue bastante bien. El día en que la Iglesia celebra la conversión de san Pablo, el 25 de enero, finaliza el octavario por la unidad de los cristianos. San Pablo fue, durante un tiempo, un perseguidor de los cristianos, hasta que tuvo una experiencia existencial que le llevó a convertirse al cristianismo. Dio así un giro a su vida y pasó a ser un apóstol de Cristo por todo el antiguo imperio romano. Su cultura helénica y ciudadanía romana facilitaron la universalidad que proyectó en el mensaje cristiano más allá del mundo judío.

El Obispo de Valencia, Enrique Benavent, indica que el tema de la unidad de los cristianos no es algo secundario, sino que es el fundamento de la misión orientada a hacer de toda la humanidad una familia de hijos de Dios. Es decir, de la tarea consistente en lograr un mundo más hermanado y reconciliado frente a las graves divisiones existentes en la actualidad. Una tarea ecuménica estimulada por el propio Papa Francisco a favor de la unidad y fraternidad de todo el género humano.

Viento huracanado

Un viento huracanado está haciendo muy desapacibles los últimos días de enero. De cualquier manera, hay que salir de casa. Llevo en el coche a mi cuñado Ernesto al hospital Arnau de Vilanova de Valencia para someterse a una sesión de quimioterapia. Afronta el proceso con bastante buen ánimo. Mientras lo espero, doy una vuelta por el barrio de Campanar y me detengo un cierto tiempo en su biblioteca pública. Contacto desde allí con un amigo y una amiga, cada uno con sus propias dificultades: José Luis Faguás atraviesa el duelo de haber perdido recientemente a su mujer; Meri Mateu acompaña a un hermano suyo a quien se le ha diagnosticado Alzheimer hace poco.

En ese contexto, alguien me hace saber que José Antonio Bargues acaba de ser ingresado en la residencia Betania para sacerdotes que se hallan muy enfermos. La residencia está en Quart de Poblet. José Antonio hubo de dejar su casa de Godella que en otro tiempo se utilizó también como lugar de reinserción de antiguos presos. Hace más de 50 años que fundó la organización Casal de la Pau, empeñada en esa difícil y encomiable tarea. En cierta ocasión contacté con ellos de la mano de mi buen amigo José Luis Olmos (que se entregó igualmente a esta causa con gran generosidad mientras vivió), pero yo no me sentí llamado a colaborar en la misma. José Antonio Bargues estuvo movido siempre, de un modo especial, por la fuerza del Espíritu, siendo su vida un gran ejemplo para todos los que lo conocimos.

Escribir, no escribir

Termina el mes de enero y siento que ya he cruzado parte de la frontera de este año 2025 en que cumpliré pronto los setenta y cinco años de edad. No sé si seguir escribiendo estas notas o dejarlas de escribir. Quería que fueran unas notas que revelaran la búsqueda de paz interior, pero son muchos los momentos en que domina en mí el desánimo, algo que le sucede probablemente a una gran parte de las personas. ¿Qué hacer entonces? Una carta de san Pablo a los Hebreos (10,32-39) parece dirigida a quienes nos encontramos en esa tesitura: «Soportasteis múltiples combates, no renunciéis, pues, a la valentía». Continuaré así estas notas, por ahora, mientras atravieso la frontera de este año 2025 y trato de buscar la paz y no perder la alegría y la esperanza.

En su libro *Renacer cada día*, Gaetano Piccolo señala con acierto que somos esencialmente seres vulnerables y personas inevitablemente heridas. Nuestro camino de curación interior ha de partir de la aceptación y la comprensión de esa realidad. Para los creyentes, la oración es «un lugar precioso para expresar lo que llevamos dentro», poniendo ante Dios todas las pesadumbres de nuestra vida. En el fondo, nuestra herida fundamental es la de no sentirnos amados, y hemos de saber reaccionar bien para curar ese trauma y evitar que las heridas acaben por infectar todo nuestro yo.

Importancia del tiempo

Desde esa luz tan intensa que se percibe ya en el mes de febrero, con las celebraciones tradicionales de la Candelaria y san Blas, reivindico con Gaetano Piccolo la importancia del tiempo. De la espera y la paciencia, aunque yo sea un impaciente (o precisamente por serlo). De la importancia de cada paso en nuestro recorrido, de su gradualidad. De la posibilidad de alumbrar, en cualquier momento de la vida, el cierre de una etapa y la apertura de otra. De renacer, regenerarnos y transformarnos en busca del mejor sentido para nuestras vidas.

Estos días un grupo de amigos hemos rendido un sentido homenaje a la memoria de Eduardo Poveda dos años después de su fallecimiento. Todos lo recordamos como un niño grande, con su alegría a flor de piel, su corazón puro y su mirada limpia. No había en él artificialidad ni doblez alguna, y tenía una gran capacidad para ilusionarse con todos los proyectos y personas. Su mujer, Rosa, nos enseñó un cuaderno suyo a propósito de uno de sus libros favoritos: *Una vida conmocionada. Diario 1941-1943*, de Etty Hillesum. Una vida, según subrayaba Eduardo, orientada «a la búsqueda de lo esencial y lo verdaderamente humano».

Y también nos mostró un poema de Rabindranath Tagore que se encontraba entre sus favoritos: «Si no hablas, llenaré mi corazón de tu silencio y lo guardaré conmigo. Y esperaré quieto... Vendrá sin duda la mañana, se desvanecerá la sombra y tu voz se derramará por todo el cielo en arroyos de oro».

Alma de niño, alma de adulto

¿En qué momento se aleja (y se pierde) la niñez? ¿En qué momento se produce la caída de alguno de nuestros ídolos de entonces? Claro que estamos llamados a ser adultos, y tal vez nosotros seremos también en ese momento un ídolo caído para alguien. ¿Cómo reducir la gran dosis de artificialidad, vanagloria y engreimiento que a menudo acarreamos los adultos? ¿Cómo recuperar la sencillez, la sinceridad y espontaneidad de nuestro verdadero ser en aras de nuestra propia felicidad?

Estas cavilaciones me han hecho recordar a uno de mis escritores favoritos a lo largo del tiempo: el novelista británico Graham Greene (1904-1991). En su obra aparecen reflejadas cuestiones como las anteriores y otros muchos dilemas de carácter moral (ello lo han referido muy bien sus numerosos estudiosos, entre estos Eduardo de la Hera en *El fuego de la montaña*). La compasión, el miedo, la desesperación, el amor y la búsqueda de Dios (en medio de las dudas y la oscuridad) son temas presentes en la mayoría de sus novelas. Ilustran sus profundas inquietudes y preocupaciones humanas en el contexto de la época en que vivió.

Graham Greene se convirtió al catolicismo a los 22 años (en 1926), tras haber tenido una primera formación en la iglesia anglicana y pasar después por el agnosticismo (en sus años universitarios). Con todo, siempre se mostró crítico con determinados aspectos de la Iglesia católica. Pensaba con razón que el mejor creyente no es el fanático que, sin discernir, a todo dice amén. Muchos de sus personajes, agnósticos o creyentes, se ven espoleados a menudo por el aguijón de la fe. Algunos llegan incluso a discutir con ese Dios desconcertante y misterioso que sobrepasa con frecuencia los cálculos humanos. A la postre, Graham Greene fue un autor que supo desnudar el alma humana, captando el latido del corazón y la lucha interior de sus distintos personajes.

Distancia

A veces necesitamos ganar cierta distancia respecto a los acontecimientos que vivimos cada día, con el fin de verlos con una adecuada perspectiva y conservar nuestra paz interior. En un momento dado, algo puede desequilibrarnos y perturbarnos, sin acertar a interpretar bien lo que nos sucede. Una distancia prudente puede venirnos bien para que se apacigüen tanto nuestra mente como nuestro corazón.

Días atrás, una pequeña fricción entre dos chicos en la actividad de un taller de salud mental me dejó noqueado, aunque supimos responder satisfactoriamente ante la misma. Ahora la veo diluida entre tantas cosas que suceden allí normalmente, la mayoría de carácter positivo (primando un ambiente de afecto y camaradería). Por ejemplo, resulta sumamente divertido cuánto cuesta a menudo que los chicos y las chicas lleguen a concentrarse en el tema que se propone como actividad (tan distraídos como andan en sus propias cosas).

Distancia, perspectiva, paz. La que ahora me alcanza, divisando algunas de las tareas que he ido haciendo durante la semana conforme avanza este frío mes de febrero en que la luz solar se hace gradualmente más intensa. La charla que el otro día nos dio la escritora Rosario Raro en el Aula de Ciudadanía sobre la corresponsal de guerra Martha Gellhorn, que participó en el Desembarco de Normandía y a quien Ernest Hemingway dedicó su conocida novela *Por quién doblan las campanas*. La charla que yo mismo impartí en la Facultad de Geografía e Historia, invitado por el profesor Javier Esparcia, a propósito de mi libro *Amar Europa* (a través del cual he querido trasladar a los jóvenes de la presente generación el interés y la pasión por el proyecto europeo, ante el incierto horizonte que se contempla en el mundo de hoy).

Vacío

Un grupo de amigos y amigas nos reunimos hace poco para comentar el relato de Pablo d'Ors *Iniciación al vacío* (que forma parte de su libro *Los contemplativos*, publicado en 2023). Hace unos años comentamos también otro libro suyo de reflexión, *Biografía del silencio*, que tanto éxito ha tenido entre el público (desde su publicación en 2012). Y a mí me gustó especialmente su *Biografía de la luz* (publicado en 2021), que hace servir al Evangelio como guía de meditación existencial. Ahora bien, este nuevo libro de relatos de Pablo d'Ors me desconcierta un tanto. No lo acabo de ver como autor narrativo. Sin embargo, es cierto que, haciendo abstracción de otras cosas, sus historias aportan grandes lecciones de vida.

En *Iniciación al vacío*, un profesor de secundaria es objeto de una campaña de difamación que lo sume en el abatimiento y la impotencia. Ahí se asoma a un vacío (físico, social y laboral) que solo será capaz de remontar con una ayuda inesperada que le impulsa a actuar (orientándose hacia adentro, hacia adelante y hacia arriba). Gradualmente, el sentimiento de vacío que se había ido ensanchando en su interior, como si fuera un agujero negro que lo succionaba y le hacía perder la vida, comienza a desaparecer y retorna la esperanza. Todo puede empezar de nuevo, sabiendo llenar y ordenar la vida de un modo apropiado.

Camino no rectilíneo

¿Quién no ha tenido más de una vez algún sueño sobre su infancia y su juventud? Yo los tengo con cierta frecuencia. Unas fotos, unas canciones, unas personas, bastan para suscitar los recuerdos del ayer y rememorar así el camino no lineal que hemos recorrido hasta el presente. ¿Dónde nos encontramos ahora y qué nos espera en lo sucesivo? ¿Qué pasos deseamos seguir dando? Son preguntas que nos podemos plantear en la edad otoñal, porque siempre cabe sanar nuestras heridas interiores y renacer de nuevo.

La lectura de la autobiografía del Papa Francisco, *Esperanza*, la estoy disfrutando de un modo especial. Se halla muy bien escrita y cuenta la historia de una vida que en absoluto ha seguido un trazado rectilíneo. Me conmueven las primeras páginas dedicadas a relatar las peripecias de las migraciones europeas a Argentina a principios del siglo XX, con una particular mirada a su familia procedente de

Italia. También sus reflexiones sobre el contexto histórico y el panorama social, conectando el presente con el pasado y revelando el hondo sentir de su humanidad y espiritualidad. No hay nada artificioso en este relato, destilando una gran apertura de miras y una genuina sinceridad personal.

Trayectoria

En el Museo de la Ciudad de Valencia se halla expuesta una amplia muestra de la obra del escultor Miguel Silvestre Moros. Es un homenaje a su larga trayectoria de más de sesenta años como artista. Aquel muchacho de la posguerra, formado con mucho sacrificio en la Escuela de Artes y Oficios y en la Facultad de Bellas Artes de San Carlos, obtuvo sus primeros premios de escultura en 1963 y 1964, realizando también por entonces un intenso viaje de estudios a Italia que le marcaría enormemente como artista.

Desde 1968 combinó su labor como profesor de dibujo en la enseñanza media con su encomiable tarea profesional como escultor. Una tarea que ha llevado a cabo con auténtica pasión a lo largo de toda su vida, cosechando numerosos reconocimientos al respecto. Esta última exposición hace patente toda esa rica trayectoria profesional y ha suscitado la presencia de todos los que le queremos y admiramos, que somos muchos.

Toda trayectoria tiene distintas etapas, y leyendo la autobiografía del Papa Francisco, llama mi atención un momento crucial en su vida. Fue aquel preciso momento en que se percató de que había acabado su infancia. Tuvo lugar a los catorce años, cuando su padre lo impulsó a trabajar durante las vacaciones estudiantiles y además le hizo considerar seriamente qué camino profesional quería seguir en el futuro. Pienso que todos pasamos en nuestra vida por un momento parecido, y en mi caso ello vino a suceder también en torno a los catorce años. Aunque dentro de mí algo me hace pensar que nunca he dejado de ser un niño del todo.

Niebla

Todos pasamos de vez en cuando alguna mala noche. Con frecuencia, ello es reflejo de alguna falta de paz, de algún factor de inquietud que puede que desconozcamos, y nos deja un cierto poso de tristeza o melancolía. Entonces nuestra mente parece flotar durante un buen rato entre una densa niebla. En una de esas ocasiones me acordé de esta interesante cita de Miguel de Unamuno: «Los hombres no sucumbimos a las grandes penas y a las grandes alegrías. Y es porque esas penas y esas alegrías vienen embozadas en una inmensa niebla de pequeños incidentes. Y la vida es esto, niebla. La vida es una nebulosa».

Vuelvo a la biblioteca pública del barrio de Campanar de Valencia mientras espero una nueva sesión de quimioterapia de mi cuñado en el hospital Arnau de Vilanova. Llevo conmigo el libro *Esperanza* del Papa Francisco y me pongo a leer uno de sus capítulos. Va sobre las detenciones, torturas y asesinatos cometidos por la dictadura de Jorge Rafael Videla en Argentina tras el golpe de Estado efectuado el 24 de marzo de 1976. Aquellos fueron unos años de tinieblas en que las sombras oscurecieron también a la propia Iglesia, eso dice Francisco, aunque muchos sacerdotes fueron asimismo víctimas de la dictadura.

Entonces me paro a pensar en que aquellos terribles acontecimientos sucedieron en Argentina mientras España vivía con tanta alegría el inicio de su transición democrática. Franco había muerto el 20 de noviembre de 1975 y las primeras elecciones parlamentarias se celebraron en nuestro país el 15 de junio de 1977.

A quién puede importar

Busco la paz mientras sigo cruzando una frontera, varias fronteras (los años, las dudas, la fe). ¿A quién puede importar lo que yo escriba aquí? Pronto hará doce años de la elección de Francisco como papa. Estos días se halla bastante enfermo, ingresado en un hospital en Roma. En su autobiografía leo unas páginas en las que expresa mucha paz: «Estoy viviendo una larga vida, me siento ingrato frente a tantos beneficios recibidos. Me siento afortunado. A lo largo de la vida tuve momentos de crisis, de vacío, de pecado. Pero sobreviví y sigo caminando. Soy un hombre perdonado».

Justo cuando escribo este párrafo llegan noticias del agravamiento del estado de salud del Papa Francisco. Y me recreo en sus recuerdos de cuando fue elegido pontífice de la Iglesia católica en marzo de 2013, tras la renuncia del Papa Benedicto XVI. Señala Francisco que, mientras vivió Benedicto XVI (hasta finales de diciembre de 2022), este fue para él un padre y un hermano, estableciéndose entre ambos una profunda relación, a pesar de la leyenda en sentido contrario construida e instrumentada por algunos adversarios. Verdaderamente, la Iglesia no es hoy una institución tan compacta como lo fue en otro tiempo. Hay quienes se encuentran aferrados al pasado y dificultan la plena aplicación de lo acordado aún en el Concilio Vaticano II. Pero, como dice el Papa Francisco, la Iglesia es de todos y para todos, igual que el mismo Evangelio. La comprensión del hombre cambia con el tiempo, y la liturgia ha de ser un lugar de encuentro con los demás. Del mismo modo que la Iglesia debe ser un espacio de unidad de todo el género humano.

Valles oscuros

Vivimos días de tristeza y de zozobra. Las esperanzas de que se alcance una paz justa en el conflicto de Ucrania parecen desvanecerse desde el momento en que el nuevo presidente de los Estados Unidos, Donald Trump, ha mostrado una sospechosa entente con el presidente ruso Vladimir Putin, distanciándose así de la posición de Europa y de Ucrania. Todo apunta a unas mayores exigencias de gasto militar, a costa de tantas necesidades sociales y medioambientales en el conjunto de la Tierra.

Termina el mes de febrero y también va acabando mi lectura del libro *Esperanza* del Papa Francisco. Este dedica la última parte de su autobiografía a reflexionar sobre los valles oscuros por los que ha transitado su pontificado, esto es, el drama de las múltiples guerras (cerca de sesenta) que asolan actualmente el planeta. Todo ello está en el corazón de sus encíclicas *Laudato si'* y *Fratelli Tutti* (*Hermanos todos*).

Qué poco hemos aprendido de las lecciones de interdependencia y vulnerabilidad que nos han ofrecido la pandemia del COVID y la deriva del cambio climático. En particular, las guerras de Ucrania y Oriente Medio han barrido las ilusiones del «final de la historia» que trajo consigo la caída del Muro de Berlín. Pese a ello, el Papa sigue llamando a trabajar por la paz y a no ceder ante la retórica ni la psicosis belicista: «Debemos sustituir la cobardía de las armas con la valentía de la reconciliación».

Noche vencida

La noche ha sido vencida al fin. Tantas horas dando vueltas en la cama, pensando en el homenaje póstumo que ayer se le rindió a Pilar Tamborero Sanjuán, que ahora tiene dedicada un aula en el Departamento de Economía Aplicada de la Universidad de Valencia. Un homenaje justo, con el respeto y el sincero cariño mostrados por tantos colegas de la Facultad de Economía que asistieron al acto. Hacía ya unos catorce meses que falleció (el 28 de diciembre de 2024), a la edad de 57 años, y en su sepelio todo estuvo envuelto de mucha pena y dolor. Ahora, sin embargo, el ambiente había cobrado una mayor serenidad y una emoción contenida. Hablaron su marido, sus compañeros de docencia, las autoridades académicas y algunos amigos. Pilar había sido una excelente profesora, muy exigente con ella misma y con todos. También una persona muy honesta y generosa, dispuesta siempre a echar una mano a los demás. Un componente ideal en cualquier equipo de trabajo, porque actuaba con mucho rigor y hacía elevar el nivel de las tareas que se pudieran llevar a cabo. Yo la aprecié mucho, y quise dejar constancia de ello dedicándole mi libro *Amar Europa*.

Amanece en el inicio de este mes de marzo y se anuncian lluvias que pueden ser favorables para el campo. El ambiente político, sin embargo, se halla cargado de enormes tensiones, tanto a escala nacional como internacional. Ayer los europeos contemplamos con estupor el trato humillante que dispensó el presidente estadounidense, D. Trump, a su homólogo ucraniano, V. Zelenski, en la reunión que ambos tuvieron en la Casa Blanca para lograr unas adecuadas condiciones de paz con Rusia. Ahora todo está en el aire y los presagios parecen sombríos. Mientras tanto, ha empeorado el estado de salud del Papa Francisco. Hasta donde él tenga conciencia, ¿qué pensará de todo ello? Y Pilar Tamborero, ¿cómo vería también ella lo que está sucediendo?

Palabras en el recuerdo

Creía que las había perdido, pero de pronto he encontrado (en el móvil) las últimas palabras que crucé con Pilar Tamborero el 6 de diciembre de 2023 (tres semanas antes de morir). Me ha embargado una profunda emoción. Yo le enviaba recuerdos de mi amigo José Luis Barrera, porque este había tenido una estrecha amistad con su padre cuando ambos fueron profesores en el Instituto El Clot, del barrio Marxalenes de Valencia. José Luis ofició después la ceremonia (entre religiosa y laica) del sepelio de Manuel Tamborero y tuvo unas palabras muy atentas con su madre (ahora ya fallecida también). Pilar se acordaba muy bien de todo aquello. Le hice saber que José Luis había sobrevivido milagrosamente a un ictus y ahora se estaba recuperando poco a poco. Pilar me mostró su alegría por la recuperación de José Luis y le devolvía sus recuerdos. Ahí acababa su mensaje, el último que crucé con ella. Me viene a la mente su imagen y deseo rezar.

Muy a menudo veo en Jesús de Nazaret la figura de un maestro de sabiduría que nos ha dejado en los Evangelios sus enseñanzas de vida, sencillas y profundas. Por ejemplo, cuando (en Lucas 6,39-41) nos pregunta si un ciego puede guiar a otro ciego, o si puede un discípulo saber más que su maestro, o por qué tendemos a fijarnos en la mota que tiene en el ojo otra persona y no en la viga que llevamos en nuestro propio ojo. Son palabras que nos alertan del juicio ligero que frecuentemente hacemos de los demás y nos invitan a la autocrítica, a no creernos unos iluminados que, habiendo aprendido alguna cosa, imaginamos saber mucho. Nos hace una llamada a mirar a nuestro interior, a purificar nuestro corazón y a seguir un camino de humanización que nos hará sin duda más felices.

Cuaresma

En medio de una semana de intensas lluvias, el Miércoles de Ceniza ha dado paso a la Cuaresma cristiana. El Papa Francisco, cuyo estado de salud parece ahora estabilizado, señaló en cierta ocasión que: «La ceniza saca a la luz la nada que se esconde detrás de la búsqueda frenética de recompensas mundanas» y que «la mundanidad es como el polvo que un poco de viento basta para llevárselo». Todo para invitarnos a vivir la Cuaresma como un tiempo de curación interior.

Recuerdo el modo en que se presentaba la Cuaresma durante mi infancia y juventud: como un tiempo de penitencia y sacrificio. Creo que resulta más acertada la forma actual en que la Iglesia nos muestra la Cuaresma: un tiempo para pararnos a pensar y viajar más hacia nuestro interior, para fortalecer nuestra humanidad intrínseca de acuerdo con las enseñanzas de Jesús, para reducir el ego que nos pierde y encontrar nuestro yo más auténtico, para descubrir a través de la oración que Dios es el fundamento de nuestro ser y nos abre el camino hacia la plenitud, siendo más humanos con todos.

Tentaciones

Una de las primeras lecturas del Evangelio que hace la Iglesia en tiempos de Cuaresma está dedicada al pasaje de las tentaciones que sufrió Jesús en el desierto (Lucas 4,11-13). Ese lugar aparece allí como un espacio metafórico de silencio y soledad, de prueba y encuentro con uno mismo. Allí experimenta Jesús la fragilidad de la condición humana y siente hambre. El demonio lo incita entonces a resolver por la vía rápida este problema, al igual que estimula en todos nosotros la atracción excesiva por los bienes materiales. Jesús nos enseña su respuesta: además del hambre material, hemos de prestar atención a nuestra hambre espiritual, escuchando la palabra de Dios en nuestro interior.

La segunda tentación es la seducción del poder y el dominio sobre los demás, algo que en realidad nos somete al poder del mismo diablo. Jesús responde con contundencia ante esta tentación, preservando su libertad y poniéndose al servicio de Dios. Finalmente, el demonio tienta a Jesús a forzar la actuación de Dios en beneficio propio, del mismo modo que el demonio actúa en nosotros cuando queremos utilizar al Señor camuflando nuestros propios intereses. Pero tampoco cede Jesús en esta tercera tentación y nos invita a seguir siempre la voluntad del Padre. De pronto, me vienen a la mente unas palabras del místico norteamericano Thomas Merton que tanto me conmueven: «Dios mío, no tengo idea de adónde voy. No veo el camino delante de mí. Pero confiaré en ti, aunque parezca estar perdido a la sombra de la muerte».

Luz y sombra

Hay una *Biografía de la luz* y una «Biografía de la sombra», y las dos son obras del escritor madrileño Pablo d'Ors, sacerdote y pensador. La primera es un magnífico ensayo publicado en 2021 donde el autor nos invita a hacer una lectura muy actual del Evangelio. Este se convierte allí en un instrumento de ayuda para revisar nuestra propia vida y descubrir la preciosa luz que existe en ella más allá de las sombras. Pues, según él, eso es lo que somos en esencia: seres de luz. La segunda obra es un largo relato de carácter narrativo que forma parte del libro *Los contemplativos*, publicado en 2023.

Un grupo de amigos estamos siguiendo con mucho interés los diferentes relatos de este libro. Anteriormente, habíamos comentado el primero (*El estilo wu*) y el segundo (*Iniciación al vacío),* y ahora comentamos el tercero (*Biografía de la sombra*). Todos nos mostramos un tanto confusos y decepcionados respecto al mismo. Es un relato excesivamente largo y bastante incoherente. Hay algunas buenas ideas que aparecen en el mismo, pero de forma algo deshilachada. El núcleo central es una historia de aprendizaje y reconocimiento de una identidad personal y un destino. El protagonista se halla en un proceso de tránsito de la adolescencia a la madurez que lleva a cabo de una forma traumática y dolorosa. Muchas son las sombras que lo amenazan en ese momento, experimentando una caída de la que, sin embargo, será capaz de emerger y aprender.

Coloquio

En medio de una lluviosa semana de marzo, participo en un coloquio sobre agnosticismo y fe junto a otros dos queridos amigos sacerdotes: José Luis Barrera y Antonio Judas Moreno. El coloquio se celebra en la histórica Iglesia de la Sangre de Llíria y asiste un nutrido público de carácter muy diverso. Es un ambiente cálido en el que me siento a gusto y voy improvisando sobre el guion previsto. Hablo acerca de mi experiencia personal de búsqueda espiritual de la que dejé constancia en mis libros *El rumor de la fe* (2018) y *Sentir y discernir* (2020). Un camino de retorno a la fe cristiana tras un largo período de agnosticismo humanista. De cualquier manera, sostengo que no hay una nítida frontera entre el agnosticismo y la fe, tal como argumenta por ejemplo el teólogo checo Tomás Halik en *La tarde del cristianismo* (2024).

José Luis Barrera me sucede en el uso de la palabra y señala que Dios habla y también calla, permaneciendo siempre a la espera aun cuando alguna vez lo sintamos lejos. Comenta su propia experiencia oscilante de plenitud y vacío, pero subraya que la voz de Dios es insistente y tozuda, esperando nuestra respuesta en cualquier momento. Él se define como un creyente que vive la duda como una tensión que convierte su fe en más consciente, crítica y esperanzada. Por su parte, Antonio Judas Moreno, como buen jesuita, refiere algunos aspectos cruciales de la espiritualidad de la Compañía de Jesús que han orientado constantemente su vida: la pasión por buscar y encontrar a Dios en todas las cosas, el sentirnos criaturas y responder a ello con gratitud y vocación de servicio, la centralidad de Cristo en la fe y poner el acento más en las obras que en las palabras.

Personas buenas

Tal vez quepa establecer una cierta diferenciación entre «buenas personas» y «personas buenas». Las primeras tienden a hacer el bien y su número es afortunadamente muy alto. Las segundas son además una fuente de paz y su número resulta ya un poco más restringido. Estos días asistí a la celebración del aniversario de un amigo (Vicent R), que constituye una «persona buena». Pensé entonces en otras personas como él (Pura M, Víctor F, Gloria S, José Antonio PG, Inma A) cuya presencia es siempre signo de concordia y armonía. Pueden estar vapuleadas por la vida, pero se las apañan para transmitir ánimo y alegría a los demás con el fin de empujarnos hacia adelante en nuestro difícil vivir cotidiano. Son ángeles que irradian luz y color. Benditas sean.

Avanza la Cuaresma y, al hilo de lo anterior, llaman mi atención estas palabras del Arzobispo de Valencia, Enrique Benavent: «Lo bueno y lo malo es lo que es respetuoso con nuestra naturaleza o nos hace daño a nosotros mismos». Entonces pienso en nuestra humanidad intrínseca: lo bueno es lo que se ajusta a la misma, mientras que lo malo va en contra de ella. Así encajan bien estas otras palabras del Arzobispo con las que seguía su razonamiento: «La Cuaresma es tiempo para quitarnos las máscaras y reconocer la verdad de lo que somos y de lo que hacemos». Esto es nuestra humanidad esencial. Esa humanidad que hay en cada uno de nosotros y en todos los demás. La clave está en dejar que Dios nos habite para crecer en humanidad, que nuestro corazón se llene de amor y misericordia. Como dice Fray Marcos (en *Fe Adulta*), «soy lo que hay de Dios en mí y nos unifica a todos». Lo que nos lleva a ser plenamente humanos.

Paul Auster

Hay pocos escritores que me hagan disfrutar tanto de la lectura como Paul Auster. Ya me referí anteriormente a su novela *Baumgartner*, que la escribió poco antes de morir. Ahora tengo entre mis manos *La noche del oráculo*, que fue publicada en 2003. Una historia dentro de otra historia y aún otra, contadas todas ellas de forma tan ágil, sencilla y eficaz. Es la vida misma la que fluye en estos relatos, tan bellamente construidos. La mente que va y viene, los personajes que se suceden cargados de humanidad. Muy pronto el lector se siente involucrado en estos relatos. La foto que aparece en la solapa de su novela de 2003 nos presenta un autor aún bastante joven, rebosante de salud, en contraste con la de su última obra. Siento tristeza por su pérdida, pero también una enorme gratitud por todo lo que Paul Auster nos ha dejado escrito. Realmente lo sigo sintiendo cerca de mí.

Como si fuera uno de los personajes de Paul Auster, de pronto me siento metido en una de sus historias. He quedado con un amigo que quiere hablar conmigo. Presumo que desea que le dé mi opinión o consejo sobre algún tema de su interés personal. Sin embargo, mientras espero ese encuentro, en mi imaginación la historia experimenta un giro inesperado. Mi amigo viene a decirme que debo replantearme algunos aspectos de mi conducta actual, revisar determinadas pautas de mi vida. Por supuesto, esto acontece solo en mi mente, pero tiene tal fuerza y verosimilitud, que me hace pensar hondamente sobre mí mismo y el camino que estoy siguiendo. Y antes de que llegue ese amigo, he decidido en mi fuero interno que algo debo hacer realmente a todo este respecto.

Un amigo

Al final sí que es cierto que había quedado con un amigo que vino para contarme algunas cosas que le tenían atribulado. Le escuché y le ofrecí mi apoyo del mejor modo que pude hacerlo. Me lo agradeció, pero sé que está pasando por un trago muy amargo que nadie le puede evitar. Sufro y rezo por él. Para calmar mi tristeza, le cuento todo esto a mi mujer. Ella también le tiene mucho afecto a este buen amigo. La vida da saltos imprevistos y no resulta nada fácil acomodarnos a los mismos. En esas circunstancias, el consuelo y acompañamiento que nos demos es, sin duda, crucial. Y ahí debemos estar.

Ha empezado la primavera y un grupo de amigos nos hemos reunido en el campo para una convivencia de Cuaresma. Hablamos sobre el dolor y el sufrimiento a partir de un breve texto de Enrique Martínez Lozano. El dolor revela nuestra vulnerabilidad y hemos de saber aceptarlo sin que enrarezca y envenene nuestras vidas. Ahí resulta crucial el amor, para poder afrontar y solucionar todos nuestros laberintos. En medio de la naturaleza, pienso en tantas personas que sufren y se hallan necesitadas de alguna esperanza, aquellas cuya dignidad no es respetada y cuyos derechos son permanentemente violados: víctimas de la pobreza y la opresión, de maltratos, agresiones y conflictos armados, de egoísmos e injusticias de cualquier tipo. Rezo por todas ellas.

El Papa Francisco

El Papa Francisco ha sido dado de alta recientemente después de haber permanecido ingresado durante unas semanas en un hospital de Roma en un estado bastante grave. Ahora ha vuelto a la residencia de Santa Marta en el Vaticano, donde deberá seguir siendo atendido con mucho cuidado. Retomará, con todo, su misión como Papa que empezó hace doce años. Una misión que ha suscitado tantas esperanzas entre numerosos creyentes y no creyentes de todo el mundo. Mi amigo José Luis Barrera recibe con suma alegría la recuperación del Papa y expresa su deseo de que pueda continuar las reformas emprendidas en la Iglesia antes de que llegue a suceder lo inevitable.

En las páginas de su blog personal, José Luis Barrera hace un valiente listado de las grandes reformas eclesiásticas que, a su juicio, están demandando en la actualidad tantos cristianos y ciudadanos en general: una Iglesia que sea más una casa común de todos que una institución encorsetada, contando con la mayor participación de los laicos; una Iglesia que reoriente el papel del sacerdote y ponga fin al clericalismo tradicional; una Iglesia que posibilite la incorporación completa de la mujer en los ministerios y el camino para un celibato opcional de los presbíteros; una Iglesia que reconozca las distintas formas de vivir la sexualidad de las personas y se preocupe más de los problemas sociales y la lucha contra la injusticia; una Iglesia transparente que impida ver al Vaticano como un centro de conspiraciones y de pugnas por el poder.

Y dice todo esto un sacerdote que acaba de cumplir los ochenta años y lleva cincuenta y cuatro en su función ministerial.

Segundas lecturas, o terceras

La lectura de *La noche del oráculo*, de Paul Auster, la estoy haciendo con sumo deleite. Y conforme avanzo, voy recordando la primera lectura que hice de ella hace veinte años. No importa que sea ahora una relectura; tanto es el placer que me transmite este relato y la forma tan especial de escribir de este gran autor norteamericano.

Días atrás me sucedió algo parecido cuando volví a ver un par de películas cuyo recuerdo era para mí bastante difuso: *Un hombre*, interpretada por Paul Newman y dirigida por Martin Ritt, y *Descalzo sobre la tierra roja*, interpretada por Eduard Fernández y dirigida por Oriol Ferrer. La primera es un western de gran profundidad sicológica que se estrenó en 1967. La segunda muestra la desgarrada historia del misionero español Pedro Casaldáliga, conocido en Brasil como el obispo de los pobres y la voz de los indios, estrenada en 2013. Ambos films han removido hondos sentimientos dentro de mí.

Una parábola, un cuadro, un libro

Acaba el mes de marzo y la Iglesia dedica el evangelio dominical a la preciosa parábola de Jesús sobre el Padre misericordioso. Me viene entonces a la memoria la lectura que hice hace diez años del libro de Henri Nouwen: *El regreso del hijo pródigo. Meditaciones ante un cuadro de Rembrandt.* Lo cojo de la estantería y leo uno de sus primeros párrafos: «En el cuadro de Rembrandt sobre *El hijo pródigo* está todo el Evangelio, toda mi vida. Es una misteriosa ventana a través de la cual puedo poner un pie en el Reino de Dios. La primera vez que lo vi no estaba tan familiarizado con la morada de Dios dentro de mí como lo estoy ahora. Mi reacción profunda ante el abrazo del padre a su hijo me hizo ver que estaba buscando desesperadamente ese lugar interior donde yo también pudiera ser abrazado como el joven del cuadro».

En este libro nos cuenta Nouwen de qué modo tan sutil la parábola de Jesús y el cuadro de Rembrandt sobre la misma incidieron hondamente en su trayectoria personal. Me emocionó leer el texto años atrás y me vuelve a emocionar ahora. Nuestro hogar original se encuentra en la casa del Padre. Él nos hace libres, poniendo la vida en nuestras manos. Tomamos un camino u otro y con frecuencia nos extraviamos, pero el Padre nos sigue esperando siempre para abrazarnos. El orgullo, la prepotencia, la vanidad o el egoísmo nos incapacitan a menudo para pedir el cuidado de Dios, pero si se abre un resquicio en nuestro corazón que nos permite captar nuestra fragilidad personal y actuar con humildad, entonces captamos la posibilidad de ser sanados por Dios y obramos en consecuencia.

Segunda parte:
tras la frontera

Ciudad

Cruzo la ciudad de Valencia de oeste a este, recorriendo a pie algunos de sus distintos barrios. He dejado aparcado el coche en el Hospital Arnau de Vilanova, donde mi cuñado recibirá una nueva sesión de quimio. Luego he de volver a recogerle.

Ahora atravieso la Avenida de Burjassot y las calles de Sagunt y Alboraia, tras lo cual descanso un poco sentado en un banco del Parque de Viveros. Es un día precioso de comienzo de primavera, y la ciudad de Valencia me parece realmente hermosa, muy bella. Cerca del Parque de Viveros vive el profesor Albert Hauf, filólogo y erudito de gran cultura. Le visito de vez en cuando tras la muerte de su mujer, mi querida amiga Úrsula. En esta ocasión le llevo el regalo de mi último libro, *Amar Europa*.

Sentados en el comedor de su casa, me comenta Albert cuánto le hubiera gustado a Úrsula poder leer este libro. Estoy seguro de ello, le contesto, y tantas observaciones que me hubiera hecho sobre el mismo. Antes de despedirme, me pasa una bolsa con unas cuantas prendas personales de Úrsula que quiere que tenga mi mujer, porque ambas se apreciaban enormemente. Con una emoción contenida, nos decimos adiós y quedamos en volver a vernos más adelante.

En el camino de regreso al hospital, paso por delante del Museo Bombas Gens y cerca del Instituto de Educación Secundaria El Clot, donde hace años ejercieron docencia mi amigo José Luis Barrera y Manuel Tamborero (padre de Pilar, la compañera de Facultad, fallecida recientemente, a quien dedico *Amar Europa*). Y conforme avanzo con lentitud, percibo la alegría del ambiente urbano nutrido de diferentes rostros humanos, ruidos y colores. También el ligero olor de azahar que desprenden los naranjos que adornan algunas de las calles y pregonan de forma inconfundible la primavera.

Europa

Veo las fotos y recuerdo todos los detalles de aquel bonito acto que tuvo lugar en el Aula de Ciudadanía de Llíria a principios del mes de abril. Fue un coloquio a propósito de mi libro *Amar Europa*.

Había bastante público en la biblioteca de la Escuela de Adultos donde el acto se celebró. Nico

Marco hizo la presentación y moderó el coloquio, pero mi principal acompañante fue Marta Solaz, una joven doctora en Economía y profesora de la Universidad de Valencia. Ella había nacido en 1986, el año en que España pasó a formar parte de la Unión Europea. Su voz era así la de una nueva generación, distante de la mía, precisamente a la que yo quería dirigir mi libro.

¿Cuál era el sentido originario de la Unión Europea y cuál es su razón de ser en la actualidad? En el acto se mostró mucha preocupación entre el público por las amenazas internas y externas que se ciernen sobre la misma. Internas, por el creciente peso de una extrema derecha, tan contraria a la democracia y al propio proyecto europeo, tan opuesta al mundo de la cultura y de la razón, pero cuya influencia se está dejando notar sensiblemente en la ciudadanía. Y amenazas externas, por el nacionalismo populista que se ha impuesto en los Estados Unidos de Trump y en la Rusia de Putin, quebrantándose la paz (en Ucrania, Palestina) y el sistema de cooperación multilateral.

Historia y futuro

Asisto a una charla de la psicóloga Lorena Andrés Soto (profesora de Florida Universitaria) en la asociación Elles Dones de Llíria. Habla de la vida como cambio, y su intervención me parece magnífica. Se trata de un ciclo en el que también yo he sido invitado a participar a principios de junio y me gusta el ambiente que lo envuelve.

A mí me han propuesto reflexionar sobre el mundo que viene, sobre el futuro que nos espera. Tengo previsto citar la novela *1984*, de George Orwell, publicada en 1949, así como la novela de Charles Dickens *Historia de dos ciudades*, publicada en 1859.

El modo en que empieza esta última me parece muy potente: «Eran los mejores tiempos y era la peor época, la edad de la sabiduría y también de la estupidez, la fase de las creencias y la etapa de la incredulidad, la estación de la Luz y la hora de las Sombras; era la primavera de la esperanza y el invierno de la desesperación. Lo teníamos todo por delante y nada había frente a nosotros, íbamos directamente al cielo y nos extraviábamos en el camino opuesto». El autor se sitúa en el tiempo de la Revolución francesa, pero la incertidumbre de aquella época parece presidir también el tiempo presente.

Adolescencia

He necesitado unos días para asimilar la muerte de Pepe Domingo, un amigo de la adolescencia a quien traté con poca frecuencia con posterioridad, pero cuya presencia guardé siempre en la memoria cargada de gran afecto. Le visité por última vez hace unos meses y le regalé *Papillon*, la novela de Henri Charrière que él me descubrió a finales de los años sesenta cuando era socio del Círculo de Lectores. Hablamos de eso en aquella visita, y del castigo que a ambos nos impuso el profesor de religión de tercero de bachiller, a saber por qué motivo. El castigo consistió en escribir unas cuantas páginas sobre los primeros mártires del cristianismo.

Pepe Domingo era el secretario del grupo de amigos adolescentes y llevaba al día un libro de actas sobre los asuntos que tratábamos en nuestras reuniones. El grupo se fue dispersando poco a poco conforme afrontamos cada uno nuestro propio futuro. Él preparó exámenes para entrar a trabajar en un banco y así lo hizo de forma bastante temprana. Conoció después a una chica con quien se casó y de la que estuvo muy enamorado hasta que ella murió hace unos doce años. Ahí se inició el declive de mi amigo, que en los últimos meses apenas salía de casa. Ahora ha descansado ya y su recuerdo encarna para mí los profundos afectos de la época adolescente.

Cruzando los 75

Cruzo la frontera de los 75 envuelto en la fragancia del azahar y el alegre canto matinal de unas golondrinas. Tal día como hoy, en 1950, mis padres me dijeron que era lunes de Pascua. Este año aún no ha llegado la Semana Santa, pero está ya muy cerca de hacerlo. No he pasado una buena noche y me sienta bien el fresco del amanecer cuando salgo de casa. Me cruzo con algunas personas jóvenes camino del horno y me maravilla la belleza de la juventud. Hay un ligero manto de niebla que se va levantando poco a poco. En breve sé que saldrá el sol y quedará un precioso día de primavera. Entonces recuerdo y hago mía esta emotiva oración de Thomas Merton: «Enséñame cómo se va a ese país que está más allá de toda palabra y de todo nombre. Enséñame a orar a este lado de la frontera. Necesito que tú me guíes, que muevas mi corazón. Necesito que tus manos sanadoras no dejen de actuar en mi vida».

Cuando una persona atraviesa la frontera de los 75 y pesa ya tanto su pasado, ¿puede mantener la esperanza de que algo nuevo y hermoso es aún posible en la vida? En su libro *Renacer cada día. Un camino de curación interior*, Gaetano Piccolo sostiene que sí, que ello es aún posible sean cuales sean las circunstancias que han provocado una vida herida: siempre podemos tomar de nuevo las riendas de nuestra historia y reanudar nuestro camino en la vida. Me alienta esa respuesta esperanzada y decido volver a leer dicho libro. Pienso que ello me hará mucho bien.

Itinerario

Según Gaetano Piccolo, «el camino espiritual es un itinerario que quiere llevarnos de nuevo a casa». A la propia casa, a nuestro propio ser. Tantos años deambulando por aquí y por allá, buscando estas y otras cosas, y muchas veces me he sentido como el personaje de la novela *Un hombre en la oscuridad*, de Paul Auster, que no sabía dónde estaba ni cómo enderezar la difícil situación en que se encontraba.

En los últimos años, un chispazo de luz me ha hecho ver ese itinerario de curación interior que refiere Gaetano Piccolo en su libro. Y ese es el camino que ahora estoy tratando de recorrer, con el apoyo de tantos otros caminantes. Todos en la misma ruta, aunque cada uno haciéndola a su propio modo.

Al cruzar la frontera de los 75, soy consciente de que el itinerario que me espera por delante es el de una progresiva pérdida de presencia y protagonismo social. Lo vengo experimentando ya en los últimos años y he de saber verlo como algo natural: cada generación quiere ocupar su espacio y reemplaza de una forma u otra a la anterior, como lo hicimos también nosotros en el pasado. Ahora mi generación se halla en retirada y es la siguiente la que desea ejercer un papel principal. Mi expectativa ha de ser así la de una creciente invisibilidad pública, sin que ello me apene de ninguna manera. Lo más importante para mí debe centrarse en el cariño de mi familia y en el afecto de los amigos y de la gente con la que me encuentro cada día.

Vargas Llosa

En los inicios de la Semana Santa, los medios de comunicación se hacen eco de la muerte del escritor hispano peruano Mario Vargas Llosa, premio Nobel de Literatura en 2010. Nacido en 1936, hacía poco que había cumplido 89 años. Un novelista tremendamente prolífico y creativo que también fue un gran ensayista y pensador. La prensa coincide en destacar sus obras principales, algunas de las cuales he podido leer con sumo placer y admiración. Nadie nombra, sin embargo, uno de sus primeros libros de cuentos y relatos que a mí realmente me cautivó: *Los cachorros*, publicado por Salvat (Biblioteca Básica) en 1970.

Su trama ofrecía una extraordinaria perspectiva de la vida de la juventud limeña de aquel tiempo. Tanto me gustó aquel libro que propuse su lectura al grupo de jóvenes que nos reuníamos en la parroquia de San Francisco de Llíria a principios de los años 70 (comandados por el vicario Vicente Serrano Millet, lamentablemente fallecido ya). Y la lectura fue realmente del agrado de muchos de aquellos chicos y chicas, hoy adultos de avanzada edad. He echado una mirada a mi estantería y he localizado ese libro entre otros textos leídos en aquella etapa. He visto mis subrayados en sus páginas descoloridas que desprendían tan emotivos recuerdos. Definitivamente, Vargas Llosa comenzó a ser para mí un grande de la literatura con el cuento de *Los cachorros*, aunque su figura se fue sin duda agrandando con el paso de los años.

Humildad y fraternidad

Es Jueves Santo, día del amor fraterno, y pienso en D. Benjamín Peinado, un anciano sacerdote nacido en un pueblecito de la provincia de Cuenca que vive ahora en una residencia en Valencia. Lo visito de vez en cuando y para mí constituye la personificación de la humildad y la bondad, de la pureza de corazón. Lo conocí a finales de los años sesenta cuando yo formaba parte de un grupo de jóvenes que él animaba en la parroquia de la Asunción de Llíria. Luego D. Benjamín se marchó de párroco a Quart de Poblet y yo fui descubriendo el compromiso humanista mientras dejaba un poco de lado la fe cristiana. Pasaría bastante tiempo hasta que volviera a conjugar ambas dimensiones y buscara de nuevo a aquel anciano sacerdote al que tanto afecto guardaba.

En la última de mis visitas, D. Benjamín me ha regalado un pequeño libro que constituye una verdadera joya y ahora leo con mucha atención: *¡Oh noche que guiaste! De la inhospitalidad al encuentro*, de Carlos María Antunes. Es un libro que, en la época de polarización y fragmentación en que vivimos, invita a encontrar dentro de nosotros mismos las raíces de nuestra humanidad común y nuestra vulnerabilidad compartida, construyendo a partir de ahí un mundo más fraternal. Su punto de arranque son las meditaciones de Thomas Merton, para quien todo ser humano lleva el nombre de Dios grabado en su corazón. La escucha del corazón es, así, la vía para reconocer al otro como hermano, sea quien sea, conjugando la diversidad con nuestra unidad esencial. Ahí está la Parábola del buen samaritano (Lucas 10, 25-37), de la que se deriva esta pregunta: ¿qué hace que el samaritano se fije en el hombre maltratado y se acerque a él con compasión?

Cruz

Es Viernes Santo y hago turno de vela ante el monumento eucarístico de mi parroquia a primera hora de la mañana. La mente me lleva sin pretenderlo a repasar distintos momentos de mi vida. Pero ante mí está la cruz y en ella veo reflejado todo el mal que hay en el mundo. En Jesús vemos a Dios permaneciendo al lado de todos los sufrientes, sin olvidar a nadie. En Jesús crucificado reconocemos a todos los crucificados de la historia, pero también la esperanza en la resurrección que le llevó a vencer a la muerte.

En el libro de Carlos María Antunes, que me regaló el bueno de D. Benjamín Peinado, leo unos interesantes capítulos dedicados a la fuerza de la vulnerabilidad. «La experiencia del cristianismo se teje a través de las tensiones entre vulnerabilidad y resiliencia, fragilidad y solidez, oscuridad y luz, muerte y vida, abriendo un espacio de inmersión en el Misterio de Dios y de la vida humana». El Dios que nos reveló Jesús es un Dios Padre que abraza a la humanidad herida y le ofrece una vida nueva. En el Evangelio, la humanización de Dios en la persona de Jesús coincide con su revelación divina, enseñándonos que cuanto más crecemos en humanidad, más nos acercamos a Dios, que habita en nosotros.

Resurrección

El domingo de Pascua siento la necesidad de salir pronto de casa porque me apena el mal comportamiento que tuve con un amigo el día de ayer, sin pretenderlo, y quiero repararlo tan pronto sea posible. Lo bueno y lo malo se mezclan a menudo, y pienso que es preciso ser indulgente con uno mismo y con los demás. El paseo matutino consigue levantarme al fin un poco el ánimo. Vuelvo a casa y leo unos poemas de mi amigo Demetrio Orte Jiménez, un salesiano que se secularizó hace años, creó una familia y pasó a formar parte de una comunidad cristiana en un barrio periférico de

Valencia: «La noche oscura esconde su secreto en el silencio. Mientras dormimos, las estrellas vigilan nuestros sueños. El mundo a cuestas, sosteniendo la vida con esperanza. En primavera, la vida se renueva con alegría. Cada semilla es un mundo que muere y otro que nace».

Es Pascua de Resurrección y me ayudan a rezar algunos comentarios del Evangelio de hoy: «¿Por qué buscáis entre los muertos al que vive?» (Lucas 24,1-12); «María Magdalena vio la losa quitada del sepulcro» (Juan 20,1-9). Darío Mollá señala que Jesús vive en el presente y se acerca a nuestro caminar escéptico, si lo sabemos acoger y escuchar. Joaquín García Roca indica que la figura de una tumba vacía ilumina la oscuridad del mundo de hoy (con todos los desórdenes e injusticias que están causando tanto sufrimiento innecesario e irracional), ofreciendo esperanza a la tarea de un humanismo herido. Patxi Álvarez subraya que la resurrección sucede en la intimidad de cada persona (cuando se siente en el interior la presencia del Resucitado). A la postre, la vida no termina en la oscuridad, el amor es más fuerte, y tiene pleno sentido el camino de servicio y entrega recorrido por Jesús («que pasó haciendo el bien»).

Invisible

¿Cómo es posible disfrutar tanto de la lectura de otra novela de Paul Auster como es *Invisible*, publicada en 2009? De nuevo en esta, como en otras novelas suyas, descubro tanta autenticidad y humanidad en sus particulares personajes e historias de vida. En ello ando ocupado (parcialmente) en los días siguientes a la Pascua de Resurrección. No es una novela que lea ahora por primera vez; lo hice ya hace bastante tiempo. Pero se me había desdibujado su contenido, y tampoco recuerdo muy bien el motivo de su título. Un título que me hace pensar en lo invisibles que nos vamos volviendo las personas conforme nos hacemos mayores, en distintos ambientes sociales.

Pero en esta semana de Pascua las lecturas evangélicas apuntan a otro personaje invisible: el Resucitado. Dichas lecturas nos invitan a descubrirlo de diversas maneras. ¿Con qué razón? Porque sentir su presencia puede ayudarnos a hacer frente a nuestros miedos y problemas, como les sucedió también a los primeros discípulos hace más de 2000 años. Una ayuda imprescindible para seguir caminando en nuestra vida con alegría y esperanza. El Resucitado es un personaje invisible que, comunicándonos el Espíritu de Dios, nos aporta energía, paz y ánimo para seguir adelante en la vida, ante tantas dificultades y frustraciones.

Muere el Papa Francisco

Muere el Papa Francisco (el lunes 21 de abril, tras doce años de pontificado) y todos los medios de comunicación se hacen eco al instante de la triste noticia. El periódico *Levante* señala que fue un pontífice que quiso llevar la Iglesia al siglo XXI, *La Vanguardia* lo califica como un Papa reparador y de las periferias, y *El País* lo describe como un vendaval social y reformador para la institución eclesiástica.

Los líderes políticos y sociales de todo el mundo destacan su compromiso por la paz y con los más vulnerables. Y el Presidente de la Comisión Islámica de España emite un comunicado que me parece de gran significado: «El Papa Francisco será recordado por su incansable compromiso con el diálogo interreligioso, trabajando incansablemente por construir puentes de entendimiento y paz entre diferentes creencias».

En ese contexto, comienzo la lectura del libro sobre el Papa que acaba de publicar Javier Cercas en abril de 2025: *El loco de Dios en el fin del mundo*. Un libro que le propuso escribir con toda libertad el Vaticano en mayo de 2023, al tiempo que le invitaba a acompañar al pontífice en el viaje que este realizó a Mongolia en agosto del mismo año. Un libro que constituye una rica combinación de distintos géneros literarios: crónica, ensayo, novela, biografía, autobiografía. Es el relato honesto de un intelectual no creyente sobre la labor apasionada del Papa Francisco al frente de la Iglesia, con todo el bagaje de pensamiento y experiencia de vida que hay detrás. Un relato muy entretenido y fluido, cuya lectura realizo con gran rapidez.

El mal y el bien

Estos días vengo leyendo a la par la novela *Invisible*, de Paul Auster, y el libro *El loco de Dios en el fin del mundo*, de Javier Cercas. Tomo una u otra, en cada momento, en función de mi estado de ánimo. Hay fragmentos del libro de Cercas que me iluminan y hacen pensar, y hay otros de la novela de Auster que suscitan en mí una honda emoción.

Por ejemplo, cuando uno de los personajes de esta última está próximo a la muerte y escribe un texto que envía a un amigo a modo de confesión (donde se halla tan mezclado el mal y el bien). Me conmueve enormemente todo lo que ahí se plantea, los diferentes aspectos de la vida del personaje y la reflexión del amigo sobre el texto en cuestión.

Mientras tanto, ahí queda, como muestra, esta otra reflexión, para creyentes y no creyentes, de Javier Cercas en su libro: la Iglesia católica constituye «una amalgama inextricable de maldades y bondades, de crímenes y santidad». Por un lado, es un hecho que «su historia abarca dos mil años de guerras santas, intolerancias asesinas y crímenes colosales». Pero, por otro lado, «también es un hecho que la Iglesia católica es Jesucristo, Pablo de Tarso, Agustín de Hipona, Francisco de Asís, Tomás de Aquino, Teresa de Ávila y miles de misioneros que ahora mismo están peleando en todo el mundo por abrigar a los muertos de frío y dar de comer a los muertos de hambre y de beber a los muertos de sed».

Un día radiante

Es un día radiante de primavera. He llegado temprano a Valencia para llevar de nuevo a mi cuñado al hospital Arnau de Vilanova. He dejado mi coche aparcado por allí y, mientras él recibe otra de sus sesiones de quimioterapia, entro andando a la ciudad por la Avenida Cortes Valencianas y la de Pío XII. Me dirijo al Centro Arrupe de los jesuitas, al principio de la calle Fernando el Católico. Aquí he quedado con mis amigos Antonio Judas Moreno y Manolo Nieto para ponernos al día de nuestras cosas y hablar sobre la figura del Papa Francisco.

De vuelta al hospital, cruzo los jardines del antiguo cauce del río Turia y siento la eclosión de la primavera en el ambiente de la ciudad. Espero todavía un buen rato a mi cuñado sentado a la entrada del hospital, lo que aprovecho para seguir leyendo *El loco de Dios en el fin del mundo*. De pronto me detengo ante estos interrogantes que plantea Javier Cercas: «¿Cómo sería nuestro mundo ahora sin Cristo, o más bien sin Cristo en la cruz y sin cristianismo? ¿Sería un mundo mejor que el nuestro?». El autor refiere que incluso un detractor tan acerbo del cristianismo como Bertrand Russell le reconoce esta virtud: la doctrina de Cristo proclama la dignidad fundamental de los seres humanos. Y otro detractor como Nietzsche refiere que la revolución del cristianismo consiste en el ejemplo que ofrece la misma vida de Cristo.

Ruptura

Todos podemos perder nuestra estabilidad en cualquier momento de la vida, por razones exteriores o interiores, y no resulta nada fácil saber afrontarlo. Una pareja de buenos amigos acaba de tener una dolorosa ruptura sentimental que nos ha llenado de tristeza a quienes los queremos. ¿Cuándo se quebró su relación, que tiene una historia de muchos años y ha sido capaz de formar una hermosa familia? ¿Acaso no es posible y deseable tratar de reconstruirla? Cuando acontece una crisis de esta naturaleza, ¿cómo mantener la serenidad y evitar la entrada en una espiral destructiva y dañina para ambos?

Los creyentes pueden ponerse entonces en manos de Dios y orar para tener un buen discernimiento, saber escuchar su corazón, seguir los consejos más apropiados y no precipitarse ni perder el sentido común.

En el Evangelio del último domingo de abril, el Resucitado surge ante la incredulidad de uno de sus discípulos, Tomás, y le invita a tocar sus llagas y sus heridas. La incredulidad de Tomás tal vez expresa la dificultad que tenemos todos de afrontar nuestras crisis cuando se extravía la razón y se debilita nuestra relación con Dios. Jesús nos invita entonces a retomar esa relación para poder recuperar la paz en las angustias de la vida, conseguir la fortaleza necesaria cuando más débiles nos encontramos y no perder la esperanza en tiempos de abatimiento y oscuridad.

Ayer fue enterrado el Papa Francisco y los comentaristas han destacado su legado en favor de una Iglesia más abierta y acogedora. Javier Cercas subrayaba, en tal sentido, algunas palabras que han definido de manera clara su pontificado: misericordia, periferias, alegría, esperanza, discernimiento, sinodalidad.

Apagón

El lunes 28 de abril la península ibérica sufrió el mayor apagón generalizado de su historia. De pronto nos quedamos sin luz eléctrica, ni internet ni teléfonos móviles, y ello tardó en recomponerse más de doce horas. Viviendas, ascensores, semáforos, comercios, empresas, hospitales, redes de transporte de todo tipo se quedaron a ciegas.

Entonces fuimos de nuevo conscientes (aunque por un breve tiempo) de nuestra vulnerabilidad (dependiendo tanto nuestro modo de vida de la energía eléctrica), y emergió cierta ansiedad y desconcierto en la ciudadanía (aunque imperó la madurez y el civismo en esta y ello evitó situaciones de mayor desasosiego y preocupación social).

En ese contexto, pasé la tarde leyendo el relato «La torre de observación», de Pablo d'Ors, que forma parte de su reciente libro *Los contemplativos*. Se trata de un libro que, como dije anteriormente, estamos comentando poco a poco un grupo de amigos. Nuestra admiración por otros escritos de este autor, maestro de espiritualidad, se rebaja, sin embargo, un tanto ante la lectura de los relatos de este nuevo texto.

Con todo, es cierto que cada uno de ellos aporta notables elementos de reflexión y experiencia para nuestro propio conocimiento personal. En «La torre de observación», un psiquiatra y un capellán hospitalario entran en una curiosa relación de amistad a raíz de un paciente que acaba de fallecer. Ambos se enfrentan cada día a situaciones de patente dolor, mientras tratan de gestionar a la vez sus propios estados anímicos. La conversación que mantienen les aporta un mutuo apoyo, más allá del ámbito profesional, con ideas cruzadas que resultan de gran interés para el lector.

Periferia urbana

La calle Alicante bordea la Estación del Norte de Valencia por el lado oriental. Aquí se halla la tienda de Deportes Arnau, que me trae tantos recuerdos del pasado. Principalmente, aquellos referidos a dos buenos amigos y hermanos que fallecieron hace ya algunos años: Edu y Pipo Arnau, los dos vinculados al mundo del baloncesto y a la alegría de la juventud. Por el lado occidental de la estación circula la calle Bailén, que lleva hasta la nueva estación Joaquín Sorolla de trenes de alta velocidad. Aquí espero a mi hijo, que viene de Barcelona con un largo retraso, derivado aún del apagón energético. He de esperarle y lo hago paseando despacio por este barrio (articulado por la Avenida Giorgeta y las calles de Jesús y prolongación de San Vicente) que se me antoja una auténtica periferia urbana. Llega la noche y acaba el mes de abril.

En el taller de lectura fácil de la asociación Pentagrama de salud mental seguimos trabajando la novela *La trenza*, de Laetitia Colombani. En la sesión del último día de abril, los personajes de las tres historias que componen este libro están viviendo unas situaciones de gran dificultad que rayan en la desesperación. Los chicos y las chicas del taller participan de la angustia de estos personajes y desean que puedan encontrar pronto una solución a sus problemas. Y ahí estamos, recorriendo paso a paso estas historias de lucha contra las dificultades, con la esperanza de que logren un buen final.

Sensaciones contradictorias

Arranca el mes de mayo y se mezclan en mi interior un conjunto de sensaciones contradictorias. Hay muerte y hay vida, tristeza y esperanza. Mi mujer y yo asistimos al funeral de una pobre amiga, Amparo Almela, que padeció durante años la enfermedad del Parkinson. Su marido, Carlos Peñarrocha, estuvo constantemente a su lado y simboliza para mí la imagen de la entrega y la bondad. José Luis Barrera ha hablado en diversas ocasiones del poder terapéutico de la Eucaristía, y a ese poder me acojo yo (de forma más consciente) en estos momentos de la vida. También la amistad tiene un importante valor terapéutico porque está guiada sinceramente por el corazón (y ahí siento muy cerca la presencia, entre otros, de Antonio Giménez y José V. Pérez Cerverón).

Avanza el mes de mayo y la primavera se impone ya con todo su esplendor. Emerge la belleza. En cada detalle de la naturaleza, en cada situación humana. En el recuerdo de alguna pieza musical, en alguna canción. Quizás en algún poema, o en una oración: «Al atardecer de la vida, me examinarán del amor». Sí, pienso como José Luis Barrera que la Eucaristía y la oración tienen un verdadero poder terapéutico, curativo, reconstituyente. La Eucaristía representa el encuentro con Jesús que nos da su pan de vida para tratar de hacer un mundo mejor, más humano.

Teoría del fracaso

Hay momentos en la vida en que, por más que pienses que has podido hacer ciertas cosas bien, tienes la certeza de que has fallado en algunas de las más importantes, quizás las principales. Y entonces te abruma la amarga sensación del fracaso personal. ¿Dónde situar el origen y las causas de ese fracaso? ¿Se trata de una situación irreversible, o aún cabe la esperanza de una posible recuperación? ¿Qué palabras nos serían útiles para elaborar una teoría del fracaso personal? Acaso, entre otras, las siguientes: caída, culpa, declive, derrota, desastre, error, mancha, monstruo, naufragio, olvido, pérdida, tropiezo.

Consulto un *Glosario del Fracaso*, publicado hace poco por el Círculo de Bellas Artes de Madrid, y obtengo una aproximación al significado de cada una de estas nociones, que conectan con otras que son igualmente relevantes al objeto de un análisis del fracaso personal. Como, por ejemplo: fragilidad, hundimiento, corrupción, derrumbe, falta, fallo, egoísmo, decadencia, anomalía, degeneración, destrucción, oscurecimiento, desorientación, desorden, extravío, ocaso. Pero, ¿se puede remontar del fracaso, por grave que este sea? Ahí está la imagen de Jesús resucitado tras su muerte en la cruz. La cruz como expresión del amor. El reconocimiento humano del fracaso como base para tratar de rectificar el camino errado y regenerar una mala situación. Hasta donde se pueda llegar, dada nuestra debilidad.

La fe de Pablo VI

A punto de comenzar el cónclave para la elección del nuevo Papa, cae en mis manos un breve escrito de Pablo VI sobre la fe. Más que un escrito, se trata de una oración que me gusta mucho. Paladeo poco a poco su contenido. «Oh, Señor, haz que mi fe sea plena». Primer punto: una fe plena, que penetre el pensamiento y el modo de juzgarlo todo. «Haz que mi fe sea libre». Este es el segundo punto: una fe libre, que cuente con nuestra adhesión, aceptando sus distintas implicaciones. «Haz que mi fe sea cierta». He aquí el tercer punto: una fe cierta, en las pruebas y el testimonio personal que se derivan de ella.

Respiro, porque aún hay cuatro puntos más. Cuarto: «Haz que mi fe sea fuerte», resistente a las contrariedades y las adversidades de la vida. Quinto: «Haz que mi fe sea gozosa», aportándome alegría y paz interior, disposición para la oración y el diálogo con los demás. Sexto: «Haz que mi fe sea activa», potenciando mi expresión de la caridad y la fraternidad. Y séptimo: «Haz que mi fe sea humilde», que no pretenda fundarse tanto en la experiencia de nuestro propio pensamiento como en el sentimiento de que el Espíritu Santo se halla presente en nuestro corazón y es capaz de actuar en nosotros.

Conmemoración europea

El martes 6 de mayo participo, junto a Javier Esparcia (de la Facultad de Geografía e Historia) y Juan Antonio Ureña (de la Facultad de Derecho), en la grabación de un programa radiofónico para celebrar el Día de Europa, conducido por Alfonso

Moreira (del Centro de Documentación Europea de la Universidad de Valencia). La emisora Radio Malva, del Cabañal, ha querido conmemorar así aquella importante jornada del 9 de mayo, hace ahora 75 años, en que Robert Schuman (ministro francés de Asuntos Exteriores) pronunció un trascendente discurso proponiendo la puesta en marcha del proceso de integración europea. Qué extraordinaria me parece hoy la labor realizada por aquella generación de mandatarios que buscaron de esa forma sentar las bases para construir una Europa democrática, en paz y respetuosa plenamente con los derechos humanos.

La canción de Franco Battiato *Centro de gravedad permanente* es la que sirve de sintonía para abrir el programa. Cuando me toca intervenir, señalo de inmediato que Battiato es Europa, como también lo es toda la obra artística y cultural del conjunto de creadores europeos. Europa es Albert Camus que, cuando fue a recoger el Premio Nobel de Literatura el año 1957, indicó que: «Cada generación cree, sin duda, que su destino es rehacer el mundo, pero la tarea de la mía es aún mayor: evitar que el mundo se desmorone». Unas palabras que en 2025 se me antojan más válidas que nunca.

Y Europa es el Papa Francisco que, en un discurso pronunciado ante el Parlamento Europeo el 25 de noviembre de 2014, lanzó «un mensaje de aliento para seguir la firme convicción de los Padres fundadores de la Unión Europea y trabajar juntos para superar las divisiones y favorecer la paz, promoviendo la dignidad humana contra las múltiples violencias y discriminaciones». Y Europa es la profesora Adela Cortina, quien ha señalado recientemente que la mayor fortaleza de Europa está en su capital ético, para que no se olvide.

Elección del Papa León XIV

La vida es un suceso continuo y simultáneo de hechos a distintos niveles. El jueves 8 de mayo, mientras se conmemoraba el 80º aniversario del final de la Segunda Guerra Mundial (y seguían activos más de 50 conflictos armados en el mundo), 133 cardenales de la Iglesia católica se hallaban reunidos en cónclave en el Vaticano (por segundo día consecutivo) para elegir a un nuevo Papa. Yo me había levantado ese día con un leve dolor de cabeza, producto de una caprichosa jaqueca que me acosa de vez en cuando. Ello no impidió que fuera a un taller de personas con problemas de salud mental en el que colaboro, pero lo cierto es que el dolor aumentó durante la mañana y tuve que retirarme del mismo antes de que terminara.

Tras un descanso de un par de horas, me animé a asistir por la tarde a una charla que impartía Antonio Tordera en un local municipal. Tenía deseos de reencontrarme con este catedrático de literatura que fue vicerrector de Cultura de la Universidad de Valencia a finales de los años noventa (durante el rectorado de Pedro Ruiz). El profesor Tordera se encargó entonces de organizar los actos conmemorativos del V Centenario de la Universidad de Valencia, así como de remodelar su edificio emblemático en la calle de La Nave. Pasados ya más de 25 años de todo aquello, Antonio Tordera venía ahora a Llíria a hablarnos del Monasterio de San Miguel de los Reyes de Valencia y sus distintas funciones a lo largo del tiempo (tema sobre el que ha publicado un precioso libro). De pronto, su interesantísima charla se vio acompañada por un sonoro volteo de campanas procedente de la cercana Basílica de la Asunción. Así supimos que el cónclave del Vaticano había terminado con la elección del Papa León XIV. Y ardí en deseos de volver enseguida a casa para averiguar todo lo posible sobre el nuevo Papa. Lleno de esperanza y alegría.

Desafíos de la Iglesia
y del cristianismo

El cardenal estadounidense Robert Prevost, que ha sido elegido nuevo Papa de la Iglesia católica con el nombre de León XIV, nació en Chicago en septiembre de 1955, pero ha pasado muchos años como misionero en Perú, asumiendo también esta nacionalidad. Ordenado sacerdote en 1982, forma parte de la orden de San Agustín, siendo su familia biológica muy diversa y multicultural (con raíces europeas y criollas). En su primer mensaje como Papa, León XIV ha pedido una iglesia misionera, acogedora y sinodal, que construya puentes y trabaje por la paz, el encuentro, el diálogo y la unidad, en la propia comunidad eclesiástica y en el conjunto de la humanidad. Y en su primera alocución ante 100.000 personas en la Plaza de San Pedro, ha pedido una paz justa para Ucrania y un alto el fuego en Gaza.

¿Qué principales desafíos encaran la Iglesia católica y el cristianismo en esta nueva etapa? Mi amigo el sacerdote José Luis Barrera habla de la necesidad de superar una Iglesia excesivamente jerárquica y clerical, avanzando mucho más hacia una Iglesia horizontal y sinodal, con mayor presencia y participación de los laicos y especialmente de la mujer. Por su parte, el teólogo Juan José Tamayo, en su libro *Cristianismo radical*, se refiere a la exigencia que tiene hoy la Iglesia de responder a los retos de la pobreza y la desigualdad, la crisis de la democracia y los excesos del neoliberalismo, los flujos migratorios y los derechos humanos, el cambio climático y la depredación de la naturaleza, el armamentismo y la construcción de una cultura de la paz, el choque de civilizaciones y el diálogo interreligioso e intercultural, la mercantilización de la vida y la utopía de otro mundo posible. En definitiva, forjar un cristianismo que se acerque más a las raíces evangélicas, a las fuentes antropológicas del ser y del bienestar, del vivir y del convivir.

Carta Pastoral

En ese momento recibimos mi amigo Jorge Cardona y yo un documento que nos enviaba Javier Salinas, obispo auxiliar de Valencia, para comentarlo entre los tres próximamente. Era una Carta Pastoral de los obispos del País Vasco y Navarra, con el título de *El contraste paciente*, que invitaba a todos los creyentes a repensar la relación Iglesia-Mundo. Personalmente, centré mi atención en este punto de reflexión: en el contexto actual de una progresiva secularización de la sociedad, la Iglesia puede adaptarse y ofrecer un testimonio significativo en el mundo. Debe ser capaz de superar «una concepción de las divisiones sociales como lucha entre bandos que impregna múltiples dinámicas históricas y sociales: desde las guerras entre naciones y los conflictos identitarios hasta la gestión mediática de los conflictos cotidianos en nuestras democracias, donde los titulares y la información sesgada tienden a exacerbar los conflictos». Y adoptar así una línea opuesta a una lógica polarizadora y de confrontación que desgarra la convivencia a todos los niveles.

En efecto, no es aconsejable reducir la complejidad de cualquier materia social a una dinámica tramposa de «nosotros contra ellos». La fe ha de conducir a un discernimiento sereno y profundo, a mostrar un testimonio paciente y contribuir a una sociedad más integrada. Es la amistad social que propone el Papa Francisco en su encíclica sobre la fraternidad, con la firme convicción de que «la unidad es superior al conflicto», lo que se traduce en el deseo de construir puentes y reconocer el valor de cada persona más allá de cualquier barrera o muro que nos empeñemos en levantar. A la postre, el símbolo cristiano de la cruz «manifiesta a un Dios que, en lugar de responder con violencia, absorbe el mal y ofrece perdón». Esta revelación llama a la Iglesia a abrazar la vulnerabilidad y confiar en el poder reconciliador del perdón.

La comunidad cristiana puede transformar así el encuentro con el otro «de amenaza potencial a oportunidad de enriquecimiento mutuo». La identificación con el Crucificado debe marcar un profundo contraste con las sociedades orientadas y construidas sobre la base del miedo, el resentimiento y la autoprotección. Los cristianos han de ser testigos de la unidad del género humano, y la Iglesia católica debe constituir un modelo de «unidad en la diversidad» (no magnificando los conflictos, sino siendo acogedores y celebrando la diversidad como riqueza).

Secularización y laicidad

Rubén, ese chico de la asociación de salud mental en la que colaboro y me aprecia tanto, me acaba de regalar una novela histórica: *La doctora de Maguncia*, de Sarah Lark. El relato se sitúa en el siglo XIV, en el marco de una difícil convivencia entre cristianos, judíos y musulmanes. Su lectura me recuerda a otra novela histórica que hace años comenté con mi buena amiga Dulce Contreras (fallecida durante la pandemia): *El Puente de Alcántara*, de Frank Baer. Cuánta enseñanza nos aporta la historia sobre el valor de la paz y el entendimiento mutuo. Todo esto se lo quiero contar a Rubén cuando avance suficientemente en la lectura de la novela que me ha regalado. Una novela cuyo argumento nos lleva, por otro lado, a un tema tan trascendente hoy como es el de la convivencia plural y el diálogo intercultural e interreligioso.

En su nuevo libro, *Cristianismo radical*, Juan José Tamayo señala que en un mundo crecientemente secularizado como el actual, el cristianismo puede y debe encontrar un buen acomodo en él. La secularización y la laicidad no son realmente contrarias al cristianismo ni abogan por su eliminación. El Estado laico constituye el marco cívico y jurídico apropiado donde vivir el pluralismo político y la diversidad cultural, siendo garantía de la libertad de conciencia y la libertad religiosa.

El cristianismo ha de desenvolverse en ese marco de convivencia (y trabajar por él), tal como postuló ya el Concilio Vaticano II, dándole su impronta social en defensa de las personas y los colectivos más vulnerables de la sociedad. En apertura y diálogo con las diversas religiones, espiritualidades y culturas.

Microhistoria y macrohistoria

La historia se escribe a veces con letra menuda y otras con letra mayor. Esta última narra los grandes acontecimientos, los que sobresalen y ofrecen unos determinados referentes para captar mejor la evolución general de la sociedad. Pero hay, mientras tanto, una microhistoria dentro de la macrohistoria, un mundo interior dentro del mundo exterior. Aluden al modo en que fluye la vida de las personas y se desenvuelven sus diversas actividades en los distintos puntos de la geografía humana.

Interesado como estoy en el conocimiento de la realidad europea, cae por suerte en mis manos el libro de Francesc Serés *El mundo interior. Una historia europea*. Me fascina y emociona el universo que construye el autor a partir de ciertos objetos (unos álbumes de fotos, unos diarios personales, unas viviendas, un paisaje urbano) o determinados documentos o relatos relativos a diferentes experiencias y vivencias humanas (como, por ejemplo, de personas desplazadas de Ucrania y Rusia o que siguen viviendo allí). Al igual que me conmueve el libro de Susana Fortes *Solo un día más*, que reconstruye, a partir de unas cartas, la intensa relación que vivieron el escritor francés Albert Camus y la actriz española María Casares (desde finales de la Segunda Guerra Mundial a 1960). Bien mirado, este texto que ahora escribo (y que se halla ya en su recta final) podría inscribirse en ese mismo género narrativo referido a la microhistoria y el mundo interior. ¿No lo creen ustedes?

José Mujica

Días atrás falleció a los 89 años José Mujica, quien fuera hace tiempo presidente de Uruguay y después se retiró a vivir humildemente en una casita en el campo. Constituye un referente moral para la mayoría de los ciudadanos, mostrándonos un ejemplo de coherencia y dignidad.

Mi amigo José Luis Barrera señalaba en una nota en su blog personal que, aunque Pepe Mujica se declaraba agnóstico (e incluso panteísta), encarnaba la mayor parte de los valores evangélicos: la solidaridad y la fraternidad, el compromiso con la sociedad, especialmente con los más pobres, el deseo de construir un mundo mejor, el rechazo a la agresividad del sistema capitalista, su enfrentamiento al consumismo y la adopción de un modo de vida sencillo, desprendido de lo innecesario, respirando al ritmo de la naturaleza. José Luis

Barrera piensa así que hubo muchas similitudes entre las actitudes y los planteamientos de José Mujica y el Papa Francisco.

Por mi parte, subrayaría que Pepe Mujica nos mostró la mejor versión de lo que representa la política, entendiéndola no como cálculo, estrategia o mero ejercicio de poder, sino como compromiso honesto y servicio público. Una gran lección en un tiempo marcado por la desconfianza hacia los líderes políticos.

Quizás una de las palabras que mejor definían a José Mujica sea la de autenticidad, además de humanidad y austeridad material. Pero aún añadiría otra importante característica suya: no fue ningún fanático (después de vivir un pasado guerrillero), sino que miraba siempre al adversario con respeto, dialogando con gusto dentro del marco democrático.

Catálogo artístico

Llegar a la calle de Alboraya fue como encontrar con alborozo mi propia casa. Había dejado a mi cuñado en el Hospital Arnau de Vilanova y dejé aparcado el coche cerca de allí. Acto seguido, decidí cruzar a pie la ciudad de oeste a este, como en otra ocasión anterior. Esta vez no para visitar al profesor Albert Hauf, sino a mi amigo el escultor Miguel Silvestre Moros, cuyo estudio se halla enfrente del IES Benlliure. Me puse a caminar muy animado y con mirada curiosa, pero poco después me sentí completamente perdido y desorientado. Me vi andando a lo largo de la Avenida Juan XXIII, hasta que un buen hombre me redirigió hacia la Avenida Peset Aleixandre. Paso a paso logré al fin alcanzar mi destino final.

El premio que obtuve fue tener una placentera conversación con Miguel Silvestre Moros y recibir el catálogo artístico de su última exposición en el Museo de la Ciudad de Valencia. Ahí estaba una amplísima muestra de su obra como escultor en una fértil trayectoria de unos sesenta años. Su hija Laura había ejercido como comisaria de dicha exposición y escribía un precioso texto sobre todo ello. Hablaba de la esquematización de la figura humana, de la pureza de las formas huyendo de lo accesorio, de la ductilidad de la materia y del mundo de los objetos y la naturaleza como referente para la creación artística. En eso me vino a la mente el libro de Vasili Kandinsky *De lo espiritual en el arte*, donde se decía que «la verdadera obra de arte nace misteriosamente del artista por vía mística».

Y pensé que, en efecto, así era en el caso de Miguel Silvestre Moros, atento siempre a captar el alma, la esencia espiritual, de cualquier fuente de inspiración. Con perseverancia y pasión, sin dejar de evolucionar y crecer a través del tiempo.

Madrid

Hacía tiempo que no volvía a Madrid, y esta vez lo hice para participar en una actividad vinculada a la Feria del Libro en el Parque del Retiro. Se trataba de una mesa redonda sobre la Unión Europea, prestando especial atención a la experiencia de España tras 40 años de integración en la misma. Recibí la llamada de Juan González y Feliciano Tisera, miembros de la representación permanente de la Comisión Europea en nuestro país, para formar parte de dicha actividad y acepté encantado su propuesta. Junto a mí iban a intervenir Francisco Fonseca (de la Universidad de Valladolid) y Susana del Río (del Centro de Estudios Políticos y Constitucionales), moderados por Marta García Aller (reciente premio de periodismo europeo Salvador de Madariaga). El cartel era vistoso, y yo me sentía realmente muy ilusionado por poder estar allí, en medio de un ambiente de la Feria del Libro que presumía extraordinario, tremendamente animado y estimulante.

De pronto, sin embargo, mi gozo cayó en un pozo. A punto de ir al Retiro, después de comer, los representantes de la Comisión Europea me comunicaron que se habían suspendido todos los actos de la feria esa tarde por alerta roja a causa del calor. Guardé así mis apuntes en la bolsa de viaje y aprovechamos aquel tiempo, mi mujer y yo, para otros asuntos familiares (conectados con nuestra hija).

Los organizadores habían reclamado a los ponentes que proyectáramos nuestra mirada como expertos de la integración europea, habiéndola estudiado, explicado y vivido desde las aulas, las instituciones y el pensamiento crítico. Yo tenía previsto decir algo sobre la conveniencia de cuidar de la Unión Europea y mejorarla, indicando que se trata de un proyecto por el que merece la pena trabajar a diario, una extraordinaria herencia de las generaciones anteriores, un horizonte de convivencia que hace falta fortalecer y ampliar. Mucho de lo conseguido podría perderse si los ciudadanos no lo valoran y lo defienden a conciencia, afrontando constructivamente sus imperfecciones y sus fallos.

A la postre, en el mundo de hoy, tan inestable e incierto, sigue haciendo falta un proyecto como el de la Unión Europea, con el conjunto de valores esenciales que le han dado siempre su sentido. Lamentablemente, no pude decir nada de esto, pero en mi libro había apuntado ya la necesidad que tenemos todos de amar una Europa difícil, forjar una Europa esperanzada y construir una Europa abierta y solidaria. No hubo Feria del Libro aquella tarde, pero sí sentí el canto alegre de las golondrinas acompañando nuestro caminar por las calles de Madrid.

Pentecostés

Terminaba el curso, y supe que entonces era realmente el momento apropiado para finalizar este texto. Tiempo de cosecha. Tiempo de apertura asimismo al futuro. En la Escuela de Personas Adultas en la que colaboro se celebraba a principios de junio el 40 aniversario de su fundación. Un bonito acto en donde se ofreció un amplio balance de esa tan fructífera institución educativa. Yo había participado en la misma durante los últimos diez años, no en su enseñanza de carácter reglado, claro, sino en la no reglada consistente en una diversidad de talleres abiertos a la gente madura. En particular, me sentía dichoso por haber contribuido a dinamizar un Aula de Ciudadanía con un notable número de asistentes de manera regular. En la última sesión del curso habíamos tenido como ponente al juez Joaquín Bosch para hablarnos de su reciente libro *Jaque a la democracia*. Fue magnífica. De pronto recordé la primera sesión del Aula de Ciudadanía, diez años atrás, con la presencia de otro juez, José María Tomás y Tío, para hablarnos de «La sociedad civil frente a la corrupción». También muy provechosa.

Se palpaba en el ambiente el inicio del verano y yo comenzaba a sentirme ya bastante agotado, no solo físicamente, sino aún más anímicamente. Pero en eso vino a mi rescate la fiesta de Pentecostés. Qué refrescante resulta ese pasaje del Evangelio de san Juan en el que, al anochecer de un cierto día, estando los discípulos encerrados en una casa, con el miedo en el cuerpo, entró Jesús y les dijo: «Paz a vosotros, recibid el Espíritu Santo». Es la expresión más completa de la experiencia pascual. Los seguidores de Jesús sienten en su interior la presencia del Espíritu y se dejan empapar por él. El Espíritu constituye energía para luchar contra las fuerzas desintegradoras de la persona. Es viento fresco para reactivar nuestros ánimos. Calor para insuflarnos nueva vida y ser capaces de entregarla a los demás. Vigor para recuperar la esperanza, neutralizando los difíciles momentos de debilitamiento y oscuridad. Luz para seguir el camino, atravesando las distintas fronteras que se puedan presentar.

EPÍLOGO

Al cerrar este libro, no siento que termine una lectura, sino que concluye –por ahora– un acompañamiento. Porque eso ha sido *En busca de paz* para mí: la posibilidad de caminar junto a una voz amiga que no alza el tono, pero deja huella; que no impone respuestas, pero siembra preguntas; que no oculta la herida, pero se atreve a hablar desde ella.

Conozco a Josep Mª desde hace muchos años. Compartimos aulas, pasillos, ideas, inquietudes. La universidad fue nuestro primer espacio de encuentro, pero la amistad verdadera empezó, o quizá se hizo más profunda, cuando la vida le dejó a él más tiempo libre para cultivarla y a mí más ganas de aprovecharla: comidas tranquilas, conversaciones que iban del mundo al alma, del presente al pasado, de la fe a la duda y vuelta a la fe. Son memorias compartidas que no se borran, porque nacen de lo esencial.

Este libro lo confirma: Josep Mª no escribe para brillar, sino para comprender. No anota para exponer, sino para encontrar. Las páginas de *Busco la paz* están tejidas con esa mezcla de lucidez y ternura que solo puede sostener quien ha vivido mucho, ha amado de verdad, ha perdido y ha vuelto a esperar. Aquí está el hombre: el que camina entre libros, entre nombres, entre preguntas. El que vuelve sobre sus pasos sin nostalgia, sino con gratitud. El que se abre a la luz sin negar la sombra.

Hay algo profundamente espiritual en este libro, aunque apenas se nombre. Está en su fondo, como un rumor que no se apaga. No es la fe de los dogmas ni de las fórmulas cerradas. Es una fe que dialoga, que recuerda, que se deja interpelar por el dolor del mundo, por la fragilidad humana, por la belleza silenciosa de los gestos pequeños. Una fe habitada por libros y por personas. Por pérdidas y por amaneceres. Por el alma de un niño que aún sobrevive en un cuerpo que ha aprendido a decir: «También esto pasará, también de esto puedo aprender».

El Josep Mª que aquí se muestra es el mismo que he conocido durante años: un hombre bueno. Bueno en el sentido más radical del término. Con una bondad que no hace ruido, que no se impone, pero que transforma el ambiente donde se posa. Una bondad nacida del compromiso con los otros —los más vulnerables, los más olvidados— y de una visión del mundo que no se resigna. Por eso su búsqueda de paz no es evasión, sino decisión. Paz, no como refugio, sino como tarea. No como renuncia, sino como plenitud.

Y, sin embargo, no hay en estas páginas ningún tono de superioridad ni de sentencia. Hay temblores, hay cansancio, hay preguntas sin resolver. Y en eso –precisamente en eso– está su verdad. Porque solo quien ha atravesado la niebla puede hablar de luz sin ingenuidad. Sólo quien ha cruzado valles oscuros puede hablar de esperanza sin falsedad.

A lo largo del libro, la paz aparece no como un estado conquistado, sino como un propósito humilde y renovado. Una paz que se ofrece en lo cotidiano, que se entrena en lo imprevisto, que se construye en la atención amorosa a lo que sucede:

«¿Qué propósito deseo hacer ahora, cuando busco esencialmente la paz? Estar abierto a aquello que me pueda suceder, vivir con mayor atención el día a día».

Esa apertura a lo que viene no es pasividad, sino escucha. Una escucha que no oculta la fragilidad, sino que parte de ella como lugar de verdad. Porque –como nos recuerda con valentía–:

«Somos esencialmente seres vulnerables y personas inevitablemente heridas. Nuestro camino de

curación interior ha de partir de la aceptación y la comprensión de esta realidad».

Y, aun en medio de ese reconocimiento de límites y cansancios, se mantiene encendida una pequeña luz. No una iluminación ruidosa ni triunfal, sino una estrella discreta que basta para orientar los pasos:

«Pienso en la luz cuando me encuentro decaído. Pero no en una luz deslumbrante, sino en la tenue luz de una estrella capaz de orientar en alguna dirección».

Gracias, Josep Mª, por compartir esta travesía. Gracias por dejarnos entrar en tu mundo interior, en tus días, en tus dudas, en tus plegarias. Has escrito un libro que no se olvida porque no se termina. Un libro que se escucha más que se lee. Un libro que, como tú, no necesita imponerse para tocar el alma.

Y gracias, sobre todo, por tu amistad. Porque en estos tiempos de desencuentros y ruido, tu vida –y tu escritura– son una casa abierta donde aún se puede descansar.

Jorge Cardona (catedrático de Derecho Internacional de la Universidad de Valencia)

Índice